イマヌエル・カント
(Immanuel Kant　1724-1804)

カントの生涯

——哲学の巨大な貯水池

石井 郁男

カントの生涯――哲学の巨大な貯水池　目次

序章――偉大な哲学者カントとは、何者なのか？

イマヌエル・カント（Immanuel Kant, １７２４～１８０４）は、〈巨大な貯水池〉にたとえられる、豊富な叡智《えいち》に満ちた哲学者である。カント以前の哲学はすべてカントに流れ込み、カント以後の哲学はすべてカントから流れ出たといわれる。

最初に「〝哲学〟とは何か？」ここから考えてみよう。


「哲学」はギリシア語のphilosophiaに由来している。

その意味は、philo（愛する）、sophia（知恵）、つまり「知恵を愛する」ということである。

カントは、この上なく「知恵を愛する人」であった。


イタリア、ローマ市のバチカン宮殿に、有名な絵がある。

ラファエロ（Raffaello Sanzio, １４８３～１５２０）が描いた絵である。

右手を上に突き挙げて、「理想を追え！」と言うプラトン（Plátōn, B.C. ４２７～３４７）。

アテネの学堂
1509-1510 年にかけラファエロが描いた。古代ギリシアの哲学者たちの群像図。
中央にはプラトンとアリストテレスが描かれている。

右手を前へ突き出して、「現実を見よ!」と言うアリストテレス（Aristotélēs, B.C.384～322）。

この二人が、ラファエロの絵「アテネの学堂」の中心人物である。

カントは、古代ギリシアの哲学者と同じように「理想」を追い求め、しかも「現実」を深く考え続けた偉大な哲学者である。

〈人は誰でも、その生涯をたどれば一冊の物語が書ける〉と言われている。

本書の読者であるあなた方も、自分の「伝記」を一つ書きつつあるのではないだろうか。

実は、哲学者カントも、私たちと同じような一人の人間である。

本書は、カントの生涯をたどった「一冊

の物語」である。

カントの偉大な思想が、どのようにして生み出されたのかを探っていくことが本書の目的である。

彼の美的感情も、崇高の感情も、夜の星空を眺めていた少年時代に源がある。


これから、〈カントの生涯〉を考えていく手掛かりを探ってみたい。

哲学者ニーチェ（Friedrich Wilhelm Nietzsche, 1844～1900）は、「逸話が三つあれば立派な哲学者像が描ける」と言っている。

カントには、どのような「逸話」があるだろうか？　探ってみたい。

舞台の幕が開いた。
場所は、ヨーロッパのバルト海南岸の貿易港ケーニヒスベルク（現在のロシア領、カリーニングラード）である。
曽祖父：リヒャルト・カント（Richard Kant, 1670以前没）、居酒屋主人。
祖父：ハンス・カント（Hans Kant, 1715没）、馬車の革具職人。
父親：ヨハン・ゲオルク・カント（Johann Georg Kant, 1683～1746）。

母親：アンナ・レギーナ（Anna Regina，１６９７～１７３７）。

二人の結婚は１７１５年で、父は32歳、母は18歳であった。

本書の主人公イマヌエル・カントは、この馬具職家庭の第４子である。

兄弟・姉妹は９人いた。

家業の馬具職の仕事は、父親が一人で片づけていた。厳格で克己心の強い人だった。

母親のアンナが、家計を上手にやり繰りして生活を支えていた。

イマヌエルがまだ子どもの時、祖父ハンスから直接聞いた話があった。

それは、曽祖父の時代に、多数の移民の群れの一人として、スコットランドから海を渡って現在のドイツにたどり着いたという話である。

スコットランドとイギリスは、カントがつねに強い関心と好意を寄せていた国である。

カントの家庭は金持ちではなかった。むしろ貧乏家庭であった。

「貧すれば、鈍する」、貧乏に負けてしまう人もいる。

「貧は世界の福の神」、逆に発奮・努力して幸運を手にする人もいる。

人間の貧乏への対応は、さまざまである。

はたして、イマヌエル・カントは、どのような道を選んだのだろうか？

カントはその生涯を通じて、外国旅行など一度もしていない。

生まれ育ったケーニヒスベルクの町から、ほんの数キロしか外に出ていないのに、彼は世界のあらゆる事に通じていた。

１４９２年コロンブスがアメリカ大陸を発見、続いて１５２２年マゼラン率いる船団による世界一周が達成された。

これで、ヨーロッパ世界の人々の〝世界観〟が一挙にひっくり返った。

それまで人々は西へ広がる海を進めば、そこは「地獄だ！」と思っていた。

世界一周の成功で、世界は〝平板〟でなく〝球体〟であることが証明された。

１５４３年、コペルニクスが亡くなる直前に《地動説》を発表した。

人々は太陽や月が空を巡っていると思っていたが、実は人間の方が太陽の周りを回っていると聞かされて驚いた。

イマヌエル・カントは、人々の〝世界観〟と〝宇宙観〟が、変動・逆転する時代の子であった。

外の世界への見方が変わると同時に、人の精神の世界にも変化が始まった。

１５１７年、ローマ教会に反発するマルチン・ルターによる《宗教改革》がドイツの片田舎から巻き起こった。

「神を信ずるとは、どういうことなのか」

ルターが問題を投げかけ、大変な騒動が巻き起こった。

16世紀から18世紀にかけては、こうした文化上の大きな変化と、ヨーロッパ全土を巻き込む戦乱の時代でもあった。カントはそのような時代に生まれたのである。

イマヌエル・カントが、4、5歳頃の話がある。

母親アンナは子どもが大好きだった。夕暮れには、しばしば子どもたちを連れ出して、野道を散歩していた。

その時、母親が語るのは「夜空に輝く星々や、野に咲く花々も、すべて神がお創りになったものですよ！」という話だった。

イマヌエル少年は〈神の天地創造への信仰〉の大切さを、心をこめて説く母親が大好きであった。

1732年、カントはわずか8歳で、ギムナジウム・フリードリッヒ学院に入学している。

さらに16歳でケーニヒスベルク大学の学生となり学問を学びはじめた。

こうして青年カントの内心に、〈神の天地創造への信仰〉と、大学で学びはじめた〈自然科学の学問〉、この二つの思想をめぐる格闘が始まった。

22歳で大学卒業後、8年間の家庭教師を経て、31歳で大学の私講師、46歳で大学教授となった。

この時代、カントの内心で、この「思想の格闘」がどのように展開するのか、それは一種の〝謎解き物語〟である。

１７８１年、カントが57歳になって書いた『純粋理性批判』は「世界で最も有名な哲学書」と言われているが、この哲学書そのものが一つの「謎解き物語」なのである。

１８０４年、カントは80歳で亡くなった。その80年の生涯に、はたしてどのような事件があったのか。

一つひとつ、時間を追って見ていくことにしよう。

第1章

祖先はバイキングだった？

1 祖先はスコットランドから来た

カントが活躍した東プロイセン（Ostpreußen）は、13世紀以来プロイセンの植民地として、東部に開拓された地方である。

カントの曽祖父が１６３０年頃、多数の移民集団の一人としてスコットランドから、海を渡って東プロイセンに移住してきたと言われている。

スコットランドとイギリスは、カントがつねに強い関心と好奇心を抱いていた国であった。

しかし、同じカントでも、英語ではCantと綴る。バルト海沿岸に上陸したカント一族はCantでなく、ドイツ語でKantと名乗ったのである。

スコットランド方言で、Cantは〈勇敢、強い〉という意味である。

ドイツ語のKanteは、〈かど、隅、面、頑固〉という意味である。

ある日のこと、カント少年はフリードリッヒ学園で友人と話をしていた。

「僕の祖先は、数代前に大きな集団でイギリスのスコットランドからやって来たのだ」

「スコットランドから渡って来たのは、いつ頃の話なの？」

「何百年も昔、バイキングがヨーロッパ各地を駆け回っていた時代だ」

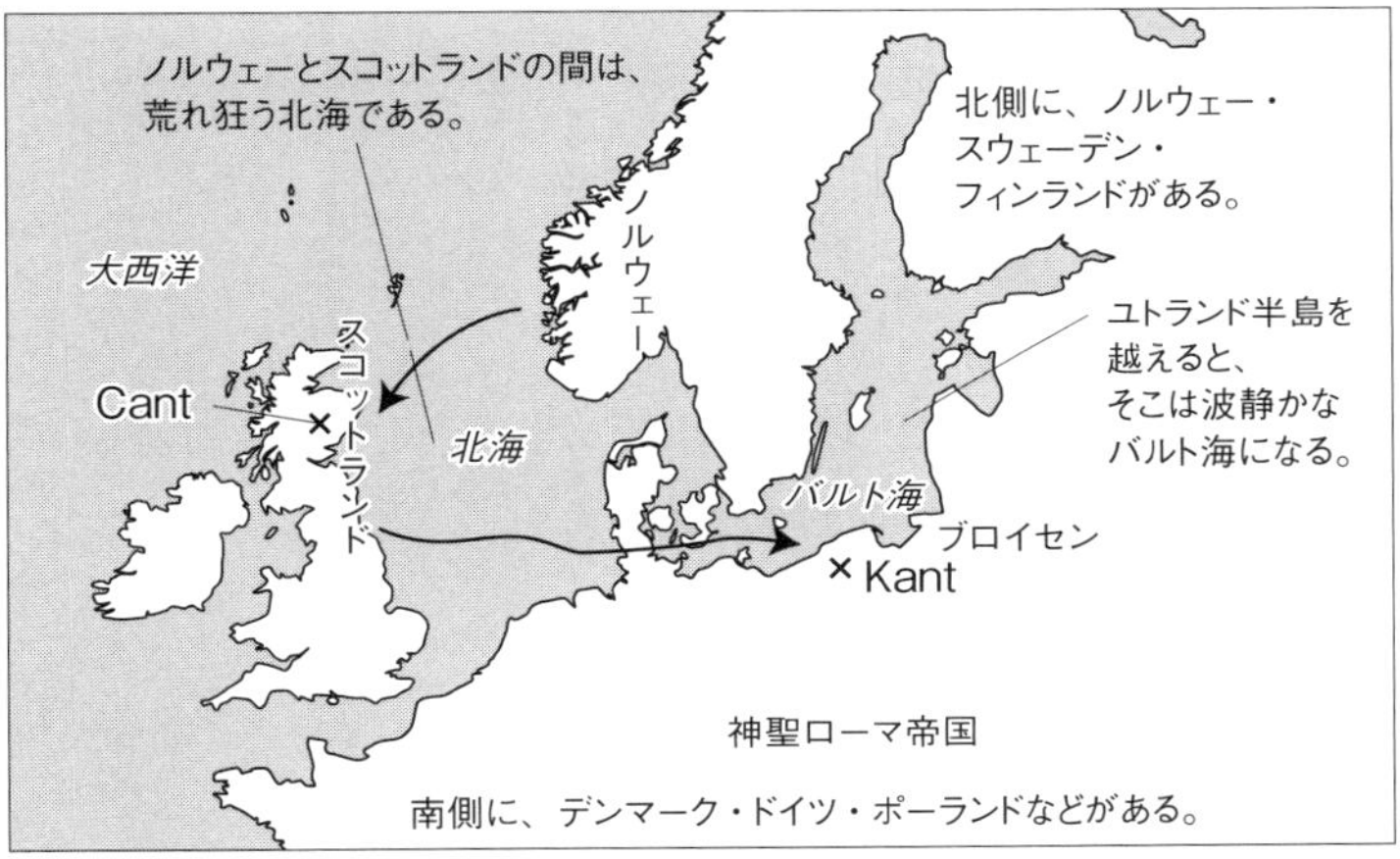

バルト海沿岸の国々　カント一族の祖先が住んでいたスコットランド王国の動きがわかる。

「バイキングって、いったい何なの？」

「ノルウェーにフィヨルドという深い入り江があり、その辺りから船で乗り出し、ヨーロッパ各地を荒らしまわった海賊のことだよ」

「えっ！　すると、カント君は昔の海賊の子孫なの？」

「そうかもしれないね。僕には何も恐れず突き進むという、バイキングのような冒険心・探求心があるからね」

このバイキングに関する話は、晩年、73歳のカントが、友人の牧師リンドブロームに宛てて書いた手紙などに残っている。

少年カントは、何事にたいしても強い好奇心を持っていた。

父親の馬具職の仕事にも興味があったし、

町の人々と父母との交際からも多くの事を学んでいた。
楽しい事もあった。それは、夕暮れの母に連れられての散歩である。

2 バイキングの海賊船が商船になった

祖先は海賊でも土地を占領し、そこに平和な村や町をつくる。こうして北ヨーロッパ一帯に、海賊の子孫が国王となる新しい国々ができていった。

それが、現在のイギリス・フランス・ドイツなどの国々の始まりである。

12世紀以後になると、それらの国から出た船が、バルト海沿岸をめぐる商船となった。13~16世紀にかけては、ドイツ各地の多くの都市が〈ハンザ同盟〉を結成し、バルト海沿岸の商業圏を支配していた。

次第に商業圏が広がり、アフリカの西海岸にそって探検の船が動きはじめ、やがて大西洋にも乗り出しはじめた。

１４９２年8月、スペイン王国の支持を得たコロンブス（Christphorus Columbus, １４５１~１５０６）の大冒険の航海が始まった。

コロンブスは、フィレンツェの数学者トスカネッリ（Paolo dal Pozzo Toscanelli, １３９７~

1482）作成の、西へ進めばインドに早く到着できるという地図を手に入れていた。

　コロンブスは、その地図を信じていたが、船員たちは、「船が大西洋を西へ進むと、その先は地獄だ！」と思っていた。

　なかなか陸地が見えない。船員たちは反乱を起こす寸前であった。

　10月12日、サン・サルバドル島に到着し、ようやく新大陸が発見されたのである。インドに到着したと思っていたが間違っていたので、やむなく「西インド」と名付けられた。

　新大陸発見以後、スペインは、鉄砲の力で、メキシコから銀、ペルーから金などを奪い取ってヨーロッパ第一の富強国となった。

バイキング

バイキングの首長（左側。実在のノヴゴロド侯リューリクがモデル）

　8世紀から11世紀にかけて、スカンジナビア半島やデンマークを根拠地として、海上からヨーロッパ各地を侵攻した北方ゲルマン族。バイキングとは「峡江から来た者」の意とされるが、スカンジナビア半島に多いvik（峡江＝フィヨルド）、wik（城塞化された宿営地）、vikingr（海賊）などの諸説があり、まだ定説はない。

16世紀半ばから17世紀の80年代は、スペイン史上「黄金の世紀」と呼ばれていた。この時代に、アメリカ大陸から金・銀を満載してスペインに帰る船が、イギリスの海賊船に襲われはじめた。

3 東インド会社の時代となった

1588年、フェリペ2世（Felipe Ⅱ, 在位1556〜1598）の命令で、スペインの〈無敵艦隊〉130隻が報復のためイギリス上陸作戦へ向かった。

この〈無敵艦隊〉がドーバー海峡で逆にイギリスの海賊船団との戦いに大敗し、さらに帰途暴風雨にあって大半を失い、スペインの制海権は失われた。

それ以後、イギリス・オランダの商船が、世界の海の主人公となった。

さらに、スペインはフランスの財政家コルベール（Jean Baptiste Colbert, 1619〜1683）の巧みな重商主義政策に陥《おとしい》れられた。

フランス製の高価な織物を購入させられ続け、スペインは蓄えていた金銀財貨を失い、弱小国に転落した。

一方、豊かになったフランスは「朕《ちん》は国家なり」とうそぶいたルイ14世（Louis XIV, 在位

1643〜1715）が、先代から受け継いだ別荘を拡張、増改築を重ね、大庭園とともに世界一のベルサイユ宮殿を築き上げた。

1600年にイギリスの東インド会社ができたが、その最大の株主はエリザベス女王（Elizabeth I, 在位1558〜1603）であった。

さらに1602年にオランダの東インド会社が設立され、遠方のアフリカ・インド・中国などの珍しい産物を運び込みはじめた。

カントが住んでいたケーニヒスベルクは、バルト海沿岸の中心都市、貿易港として、ますます繁栄するようになった。

カントが生まれる200年ほど前、コペルニクス（Nicolaus Copernicus, 1473〜1543）の「地動説」の発表で、キリスト教の世界で大論争が始まった。

コペルニクスを支持していることを咎《とが》められたガリレオ・ガリレイ（Galileo Galilei, 1564〜1642）は、宗教裁判で厳しい処罰を受けた。

ガリレオは「それでも地球は動く」とつぶやいたと言われている。

当時は「どちらが理論的に正しいのか？」という頭の中だけの戦いであった。

球形となった地球上を多くの貿易船が、さかんに往来しはじめた。

世界相手の貿易船で一番成功したオランダは、ヨーロッパ諸国の中で、日本との貿易を許された唯一の国であった。

4 馬車が主役の時代だった

18世紀後半にイギリスから始まった産業革命によって鉄道が交通手段となるそれ以前は、馬車が交通手段の主人公であった。

ヨーロッパの中でも、プロイセン王国の主要道路は、夏は砂嵐が舞い、冬は雨や雪で泥道となった。

東プロイセンでは、乗客の運ぶ大きな荷物は2頭立ての馬車だが、重い荷物は、4頭立て、6頭立ての馬車で運ばれていた。時には、8頭立ての馬車まで走っていた。

カントの祖父の頃から、職人町の馬具屋街に住んでいた。近親や親戚も、靴屋、織物屋、カツラ屋などの手工業者であった。

カントの父ヨハン・ゲオルクは馬の革具職人であり、母アンナも職人の家の出であった。家には一人の弟子もいなかった。客からの注文は鞍《くら》・轡《くつわ》・手綱《たづな》・鐙《あぶみ》などさまざまだが、どのような注文も革細工の仕事はすべてカントの父親が一人で片付けていた。

カントは黙々と働く父親の姿から無言の教育を受けて、幼年期を過ごしたのである。父は息子に対して勤勉でどこまでも正直で真面目に考えることを要求し、なかんずく嘘をつかぬことを求めていた。

ケーニヒスベルクの地域は、ドイツ・プロテスタント派の敬虔主義《けいけん》（ピエチスムス）の信仰運動が盛んであった。

父は職人で貧しかったが、敬虔主義で生活を律していた。

また、ある時、父の仲間の革具屋と馬具屋との間にトラブルが起こり、随分と苦労していた。

その際、父はたった一言も、人をののしったり、軽蔑したりするようなことはなかった。「革具屋と馬具屋」の両者の言う言葉を、丁寧に時間をかけて聞いて両者の喧嘩を治めていた父親の姿が、少年カントに強烈な印象を残した。

この時の父親が両者の言い分を聞いていた姿が、その後の学者カントの基本的なスタイルにまで、つながっていると思われる。

このような庶民の家庭に生まれたイマヌエル・カントは、どのようにして学問を修め、哲学者として名をなしたのだろうか？

これから、その後の道筋をたどることにしよう。

第2章

ケーニヒスベルクは、どんな町か?

1 ドイツ騎士団が侵入してきた

ケーニヒスベルクは、13世紀半ばの1255年に、東プロイセンへ侵入してきたドイツ騎士団によって建設された町である。

地名のケーニヒスベルク（独語：Königsberg）を分解すれば、そのいわれがわかる。ドイツ語の König（ケーニヒ）は、英語の King（キング）、つまり国王という意味である。ドイツ語の Berg は「山」、ドイツ語の Burg は「城、騎士の居城」という意味である。

ケーニヒスベルクの町は、「ドイツ騎士団の居城」から始まったのである。時代が進み16~17世紀頃には、国王とそれを支える貴族による大農場支配の仕組みができあがってきた。

この地域は、ドイツ騎士団の東方への前進基地で騎士たちの居城があった。周辺の地域への侵略・開拓・植民が進み、キリスト教を広めると同時に、西ヨーロッパとの貿易の門戸でもあった。

1525年、最後の騎士団長アルブレヒトが新教に改宗して騎士団と絶縁し、プロイセン公国（独語：Preußen、英語：Prussia）となってから、ケーニヒスベルクはさらに躍進した。

② 貿易港となって、町は栄えた

1701年にフリードリッヒ1世（Friedrich.I. 1657～1713）が王号を許され、プロイセン王国に昇格した。

国王支配の根幹は、国力に不相応な8万の常備軍と、それをまかなう徴税の官僚機構であった。

ケーニヒスベルクの人口は、18世紀はじめは4万、中頃には5万、軍人とその家族を含めると6万人になり、カントが生まれた1724年頃には東プロイセン第一の都市となっている。

その後、プロイセンの国土が西へ向かって国が大きくなると首都の位置も変わることになり、プロイセン王国の首都はベルリンとなった。

18世紀半ばにはケーニヒスベルクの人口は10万となり、ベルリンに次ぐ大きな都市であった。

ケーニヒスベルクは、東プロイセンの行政中心地であった。プロイセン王国の出先官庁が30近くも密集していた。

ケーニヒスベルクは、バルト海南岸のダンチヒ湾にそそぐプレーゲル河口に位置する不凍港であり、海陸両面で東西を結ぶ交通と貿易の要地であった。

プレーゲル川は冬期には9~3月まで凍るが、春になるとイギリスやオランダの船が織物・酒・植民地の産物を、さらにユダヤ商人が平底の河船でポーランドから農産物を運んでくる。

この港から、穀物・亜麻・木材などが西ヨーロッパへ輸出され、金属・食料品などが西ヨーロッパから輸入された。

「あの大きな船は、どこの国からどんな品物を運んで来たのかな?」

「こちらは、農民が野菜などを積んでいるポーランドの小舟だな」

少年カントは通学途中のプレーゲル川の橋の上から、内陸から農産物を満載した多数の船、また外国からの貿易船の姿を眺めて育った。

町の雰囲気も、時が進むにつれ、騎士、商人など色々な人が集まる社交の場となってきた。

騎士たちと散歩するなど、舞踏会で士官と戯れる婦人さえいた。

1755年に大学教官となったカント自身も、多くの人と昼食の会合で会話をかわし、社交を楽しんでいた。

カントは、アメリカの独立をたたえ、フランス革命に同情しながら、やはり、貴族や領主に特別の敬意をはらい、その生活態度をみならっていた。

3 国際的・開放的雰囲気のケーニヒスベルク

ケーニヒスベルクは、プロシア王国の首都であったので古い王宮・寺院・大学があり、またバルト海沿岸の不凍港の貿易港として通商貿易で栄える国際都市でもあった。バルト海を通じてヨーロッパ各地、とりわけ、イギリス・オランダ・フランスなどの諸都市とつながっていた。

ケーニヒスベルクの王都の正面に門前町があった。カントの両親は、その一隅の馬車屋街に住居を構えていた。

カントが少年時代に過ごした門前町の馬車屋街は、ケーニヒスベルクに出入りする旅客が必ず行きかうにぎやかな街路で、安宿がたくさんあった。

もともと馬具職という商売が、旅行客にとって不可欠の仕事であった。

ケーニヒスベルクの北岸は賑やかな貿易港であり、東・西・南の三方はポーランドの農村に囲まれていた。

ケーニヒスベルクは、当時のプロイセン国の飛び地であったが、その国際的・開放的雰囲気が、少年時代のカントには嬉しかった。

カント少年は、見るもの、聞くもの、すべてに好奇心をくすぐられ、知識が広がり、昔のこと、遠くの世界のことを知ることが、楽しくてたまらなかった。

こうして、カントの外国への関心は強く、ヨーロッパの範囲をこえて、アジアやアフリカへと向かっていった。

大学教官になったカントが、毎年の講義に「旅行記」などを取り上げていたことにつながっている。

カントの親友として交際していた多くのイギリスの商人も、貿易商人としてこの地に住み着いた人々である。

ケーニヒスベルク大学は、初代プロイセン公アルブレヒトによって、１５４４年に設立されていた。

早くから栄えたのも、東方の諸国からの留学生が多かったからである。

4「旅行記」ブームが始まった

フランシス・ベーコン（Francis Bacon, １５６１〜１６２６）は、ルネサンスの三大発明を見事にまとめている。

「印刷術と火薬と羅針盤、この三つの発明、第一は学問、第二は戦争、第三は航海で、全世界をすっかり変えてしまった」

このベーコンの言葉通りであった。

ヨーロッパでの印刷術の発明者はオランダ人のコステルで、1423年ごろから活字を使用したという。

ドイツ人のグーテンベルク（Johannes Gensfleisch Gutenberg, 1398頃～1468）は、1440年頃に活字印刷機をつくった。

その後、活字の鋳造技術が開発され、最初の印刷本は1455年刊行の『四十二行聖書』と呼ばれるラテン語の聖書であった。

いずれにしてもヨーロッパでは、15世紀の半ばには活字印刷が行われ、書物は急速に普及していった。

当時はルネサンスの時代で、印刷術が文芸復興に大きな役割を果たしたことはいうまでもない。

1600年のイギリスの東インド会社、その後のオランダの東インド会社で、世界中に新大陸への興味が拡大された。

18世紀にはヨーロッパ各地で「旅行記」が出版されるようになり、ブームとなっていた。カントは大学者となったのちも、この古都・学芸と国際都市としてのケーニヒスベルクを心から愛していた。

終生この地の市民であることに満足し、誇りと愛着を抱いていた。

カントは私講師時代、エルランゲン、イェーナ、ハレなどいくつもの大学から教授として招聘《しょうへい》の誘いを受けていたが、すべて断っている。

ハレ大学の場合は、国王や大臣から「枢密《すうみつ》顧問官」の資格をも与えるというほどの条件で、説得されたが、カントは受けなかった。

その後、ベルリン大学などから高給をもって招かれても、すべて断り続けた。

カントは幼少年時代から生涯ずっと、このケーニヒスベルクの港町を愛し続けたのである。

カントは学者になったあとも、プレーゲル川の橋の上から世界各国の貿易船の姿を眺めるのが大好きだった。

ケーニヒスベルクは、旅行せずとも居ながらにして人間知・世間知を広めるのにふさわしい都市であった。

すべてを大所高所から見ていくことが、彼のモットーであった。

かつてのケーニヒスブルク
カント博物館展示の絵画。写真は三澤幹雄氏提供

カントの視野は、地球上のすべての国々に広がり、各国の学者の見解を学び、さらに夜空の星々の動きにまで及んでいた。

カントは、自著『実用的見地における人間学』(Anthropologie in pragmatischer Hinsicht. 1798)で、次のように述べている。

「ケーニヒスベルクは一国の中心をなす大都会であり、国を統治する諸官庁があり、大学もある。

また、バルト海に面する海外貿易の要地であり、外国との交易にもめぐまれている。

ポーランドなど、奥地からの河川による取引もある。

言語や風習を異にする隣国、イギリ

ス・フランス・オランダなどの遠国とも通商できる。
そこは、人間や世間に関する知識を手に入れるにふさわしい所と言えよう」

第3章

母が教えた「神の創造」とは何か?

1 「献金すると天国」は嘘である

カトリック教会は、「人の犯した罪への永遠の罰は免れ得ない。しかし、罰を免れるために教会に寄付すれば免罪符が得られる」と言って、農民たちに免罪符の販売をはじめた。「教会の募金箱に献金すると、死後、その人は天国に昇天する」など、そのようなことは、『聖書』のどこにも書かれていない。

農民がだまされるのは、彼等が『新約聖書』を読めないからだ。

１５１７年秋、ヴィイッテンベルク大学教授であったマルチン・ルター（Martin Luther, １４８３～１５４６）が『95か条の意見書』を掲げて、免罪符の弊害を指摘し、学問的討論をはじめた。

この行為は、たちまち全ドイツに大反響を呼び起こした。

１５１９年にはカトリック神学者エックと〈ライプツィヒ討論〉が行われた。その場でルターは「教皇も過ちを犯しうる」と発言した。

権威を否定されたローマ教皇からは破門の警告が発せられたが、ルターは屈しなかった。

１５２０年、ルターは『ドイツ国民のキリスト教貴族に与う』『教会のバビロニア幽囚』『キリスト者の自由』の三つの論文を発表し、真っ向から反撃した。

この改革三大論文は、たちまち全ドイツに大反響を呼び起こし、ルターは国民的英雄となった。

教皇に破門され帝国追放処分を受けたが、この頃、一定の独立した支配権を得ていた「領邦《りょうほう》」君主たちの保護のおかげで、かつての異端者のように殺されることなく、ルターはローマ教会の外側に新しい教会をつくることができたのである。

これが、ルターの「信仰だけで」「聖書だけで」を二原理とする宗教改革の開始である。「カトリック教会の宣教師の言葉に包含されている嘘を見抜けるようにするためには、農民の言葉に翻訳しなければならない」

これが、ルターの本心であった。

ローマ・カトリック教会からの攻撃があったが、地方の領主ザクセン選帝侯・フリードリヒ3世（Friedrich Ⅲ, 1463〜1525）がルターの身の安全を守った。

ルターはザクセン選帝侯に保護され、ヴァルトブルク城内でギリシャ語の『新約聖書』を農民たちの話している言葉に翻訳することにした。

ルターはこの『新約聖書』翻訳という大変な仕事に、1521〜1522年の2年間をかけている。

宗教改革者ルターが、その苦心の聖書翻訳や、力強い宗教歌などによって、ドイツ語、ドイツ文学に残したその功績はまことに偉大である。

文学者トーマス・マン（Thomas Mann, 1875〜1955）は、「ルターにドイツおよび、ドイツ人に潜む魔神的運命の典型がある」と語っている。

この時のルターによる『新約聖書』の翻訳が、現在の標準ドイツ語の基礎になったのである。

ルターの戦いは、ドイツ民衆の願いを代弁する趣があった。彼はドイツ人の英雄のように扱われ、ルター派協会はドイツ各地からバルト海沿岸やスカンジナビア方面にまで広がった。

ルター翻訳の『新約聖書』によって、ドイツ国内に新教徒が広まった。

1529年、ルター派の諸侯や諸都市が、皇帝カール5世に抗議（protest）したことに由来し、新教徒派はプロテスタント（抵抗する人）と呼ばれるようになった。

16世紀以後の宗教改革で、ルター派、カルバン派、イギリス国教会などプロテスタントの、ローマ教会からの離反があった。

しかし1545年以後、カトリック教会側もイエズス会の活躍で新しい信徒を獲得した。明《みん》末、清《しん》初の中国への伝道や、キリシタン宣教師の日本への渡来もあり、ローマ教会は大きな勢力を維持していた。

2 農民戦争と三十年戦争

１５１７年のルターの宗教改革以後、農民負担の軽減、教会組織の改革、牧師の自主的選任などがからんだ、大規模な戦いとなった。

１５２４年から翌年にかけ、ドイツの各地で旧教徒派と新教徒派の間に、農民戦争とよばれる大規模な騒乱が始まった。農民10万人が死んだとされる。

１６１８年にはドイツを主戦場に、ヨーロッパ各国が入り乱れて参戦した「三十年戦争」が起こった。１６４８年に終結したが、戦前１８００万あったドイツの人口は７００万になったとも言われ、農村は荒廃した。

ヨーロッパ随一を誇った鉱山も決定的に破壊され、港や商業も麻痺し、都市も崩れてしまった。

その後、ドイツは入り組んだ地形と戦乱によって、

ルターの『新約聖書』翻訳

『旧約聖書』ヘブライ語、『新約聖書』ギリシア語で書かれていた。

『新約聖書』は、イエス・キリストの生涯と言行を記した福音書である。４～５世紀にローマ帝国が、キリスト教を国教と定めた。

『聖書』が読めるのはカトリック教会の宣教師や学者だけだった。

マルティン・ルター

約３００の諸侯国に分裂していった。

封建領主たちは、堕落したフランス貴族のまねをして贅沢のかぎりを尽くすようになった。

しかし、そのような貴族支配は、いつまでも続くものではなかった。

3 敬虔主義の精神が広がった

時代の流れとともにドイツ国内は約30か国にまとまり、やがて、その中で地主貴族（ユンカー）の国プロイセンが最強国となっていった。

ユンカー（Junker）は、古くは「騎士の若者」という意味だけであった。のちには「騎士階級、土地貴族」という社会制度の意味になり、このユンカーがプロイセン国家の権威の土台となったのである。

16世紀に新教主義（プロテスタンチズム）が盛んになると、東プロイセン地方には、ルター派の一部に敬虔主義（ピエチスムス）が広がっていった。

敬虔主義というのは、17世紀にドイツで、ルター教会の中でおこされた革新運動である。新教徒の中でもさらに厳格に教えを遵守する人々が、ピエチスムスと呼ばれていた。

敬虔主義は、形式的な教義や儀式よりも、精神的・宗教的な体験が大事だという考えである。

ルターなどの体験した内面的な啓示を、各人が心の中で体験し、禁欲的な敬虔な生活を実践しようとするものであった。

この宗教的主観主義の傾向は、後年にいたるまでのカントの宗教思想に、決定的といえる影響を及ぼしている。

カントの日常生活の基本にも、つながっている。

4 母がカントの精神を築き上げた

幼い頃、カントを導いたのは父親の勤労精神であり、また敬虔主義の母親の神への深い崇敬の念であった。

母は夕暮れに子どもたちを散歩に連れ出していた。

「空の星も、道端の草花もすべて神がお創りになったものです」

カントは優しかった母の思い出を、繰り返し書き残している。

弟子のヤッハマン（Reinhold Bernhard Jachmann, 1767〜1843）に、カントが語った言葉

が残っている。

「私の母は、愛情豊かな、信仰心の厚い、正直で優しい母親だった。子どもたちを宗教の教えと道徳的模範によって導いた。母はよく郊外へ連れ出し、神の作品に注意を払わせ、敬虔な喜びをもって神の全知全能の慈愛について語り、私の心の中に万物の創造主への深い畏敬の念を与えた。私は決して母を忘れないだろう。それは母が私の内に善の最初の芽を植え付け、自然を愛する心を開かせてくれたからである。母は私の知識を目覚めさせ広げてくれた。その教えは、私の生涯に常に有益な影響を与えてきた」

このように語る時のカントの眼は、いつも輝いていた。

カントは、母が語る『旧約聖書』「創世記」の物語を聞いて育った。この母が大好きだったし、その教えは絶対であった。

母が繰り返し語った「すべて神がお創りになったものです」の言葉、敬虔主義の信仰心、馬具職の家庭での生活、すべてがカントの生涯にわたる揺るぎない土台となっている。

第4章

ギムナジウムで何を学んだのか？

1 厳格な宗教教育だった

カントの母は、息子が将来、優れた牧師となり、学者となって、世のため、人のためにつくす人物になることを期待していた。

母はイマヌエル少年を連れて毎週、教会に通って牧師の話を聞かせていた。

主任牧師シュルツ（Franz Albert Schultz, １６９２〜１７６３）は、包容力のある人柄で、幅広い教養の持ち主という卓越した人物であった。

数回会って、イマヌエル少年の賢さを見抜いた牧師シュルツは、カント家の両親に助言した。

「この子はとても賢いから8歳でもできる。ギムナジウムに進学させましょう。きっと、すぐれた牧師になりますよ」

１７３２年、最も尊敬していた牧師シュルツの言葉に従って、両親はカントをギムナジウム・フリードリヒ学院（Collegium Fridericianum）に入学させることにした。

ギムナジウムの入学年齢は、普通は10歳である。カントのようにフリードリヒ学院に8歳で入学するのは他の生徒より2年ほど早く、「飛び級」であった。

フリードリヒ学院は１６９８年の創立以来、敬虔主義の精神に貫かれ、生徒たちにキリスト教的従順を教え込むことが教育の主眼とされていた。

教理問答の暗誦、毎朝5時過ぎから半時間の礼拝から始まり、夜9時の夕べの祈禱に終わるという学校生活であった。

カントは8歳から15歳まで8年間、フリードリヒ学院で敬虔主義の厳格な教育を受けている。

ホラチウス（Horatius, B.C. 65～A.D. 8）の詩句「少年は多くの事を忍び、為《な》したり。汗かき、凍えたり」を引用して、カントが当時の事を語っている。

「聖書」理解のためのギリシア語・ヘブライ語の勉強もあった。

この学院は、敬虔主義の宗教教育の学校であると同時に、大学へ進むための準備教

ギムナジウム（Gymnasium）

ドイツの大学進学を目的とした中等教育の学校。

ラテン語や語学教育、数学・自然科学などの基礎教育を実施している。

当時、ラテン語は、ローマ・カトリック教会の公用語であった。

学問の世界でも、ヨーロッパ各国ではラテン語が共通語であった。

ギムナジウム卒業の最終試験に合格しないと大学に進学できない。

その合格率は約２割だった。

育機関、ギムナジウムの学校であった。

フリードリヒ学院に入学した最初の日である。

1733年に学院長となったシュルツ教授から大切なことを教えられた。

「君は学問で身を立てねばならない。一番大事な勉強は何だと思うかね？」

「教えられること、全部だと思っています」

「すべて大事だが、実は一番大事な勉強はラテン語だ。どこの国の学者が書いた論文でも、すべて読めることになる。自分の考えを発表する時は、ラテン語で書かねばならない。さらに、学者になるのであれば、フランス語なども身につけねばならない」

「ラテン語が大切だという事が、よくわかりました。フランス語の勉強も頑張ります」

シュルツ牧師の「ラテン語を学べ！」の言葉を、カントは8年間、大事にして過ごした。

フリードリヒ学院には、ポーランド・スウェーデン・ロシアからの留学生もいた。

フリードリヒ学院の授業の中心は、週20時間のラテン語だったが、随意科目としてフランス語もあった。貧弱ながら算術・地理・歴史の授業もあった。

カント少年は学問を修め、大学教授となることを決意した。

ラテン語の授業は無味乾燥であったが、古代ローマの作家についてさまざまな知識を身につけることができた。

2 規則ずくめの教育に反発した

多くの教師は、厳格一点ばりで教室内の秩序を保とうとするだけだった。

「子どもたちは開けっぴろげで、まなざしは太陽のように明るくなければならない。快活な心だけが善の喜びを感じることができる。人間を陰気にする教育は間違いである。子どもの生命の内部に芽生える独立の要求を土台にして、教育しなければならない」

これは、のちにカントが語った言葉である。

自発性、バイキング精神こそが、カントの信条であった。

カント少年は、エラスムス（Desiderius Erasmus, 1466〜1536）などが書いたラテン語の随筆などの読書によって世界が大きく広がるのを感じはじめた。

カントはユーモアが大好きだった。友人にもモンテニューなどを読むことをすすめ、笑いながら真理を語ることを好む思想家となっていた。

「不幸に負けてはいけない。不幸には、一層勇気を奮い起こして当たれ！」

ラテン語で書かれたこの詩が、カント第一の愛誦句であった。

多くの先生たちは、生徒たちのせっかく燃え上がった学問への情熱をかき立てるどころか、吹き消すことに憂《う》き身をやつしていた。

しかし、一人だけ、いつも生徒たちが多大の尊敬を払った先生がいた。それは、ハイデンライヒ（Heydenreich）という体の不自由な先生だったが、ラテン語の深い学識で生徒たちを惹《ひ》きつけていた。

「人間にとって、何が大切なのか」など、多くの事を教えられた。ハイデンライヒ先生に学んで、生徒たちはラテン語の学力も向上した。ローマの古典作家に精通できたことが、この学院におけるカントの最大の収穫であった。

「人間は外見ではない。その人が心の中に、何を実際に持っているかである」

貧しい家庭で育ったカント。背も低く、外見は弱々しかった。しかし、カントの内面には、燃えたぎる情熱があった。

「何かをやりたい。やり遂げてみせる」という〈バイキング精神〉である。

3 読書好きな3人組ができた

15歳の頃、読書好きで真面目に学問するカント、ルーンケン、クンデの3人が仲間になった。この3人組は、ラテン語の勉強で競い合っていた。

この時代、カントの関心は文学だった。

「黄金の花の輝く緑の沃野《よくや》」に譬《たと》えられる青春の血潮高鳴る、生き甲斐のある時代であった。

3人組はラテン文学の古典作品を輪読する勉強会をはじめた。

この輪読会で、3人は学者としての将来を語り合っていた。

少年カントは、Cantius と称して、著作家を気取っていた。

「将来、優秀なラテン語教師になるだろう」

友人たちはみな、語学力抜群のカントは、将来、どこかの大学のラテン語教官になると信じていた。

3人組の一人だったルーンケン（当時世界一流のライデン大学の古典学教授）が1771年、オランダから旧友カントに送った手紙がある。

「30年が過ぎた。当時、君の才能については皆が素晴らしいと思い、君は、学問の最高に達することができるだろうと考えていた」

カントは晩年になってもローマ文学に愛着を持ち、ホラティウスなどラテン詩人の詩を、すらすらと暗唱している。

ウェルギリウス（Vergilius, B.C. 70～19）の「不幸に負けてはいけない、不幸にあったら、いっそう勇気を奮い起こして当たれ」の一句をつねに愛誦していた。

ところが大学に進んだカントは文学研究の道から、数学・神学を学ぶ道へと進路を変更したのである。

ある日のこと、カントはフリードリヒ学院にあったマルコ・ポーロ（Marco Polo, 1254〜1324）の『東方見聞録』（"Il Milione"）を見つけた。

カントはラテン語で読んで、あまりの面白さに心を奪われた。

その当時、ヨーロッパに「旅行記」ブームが始まっていた。

『東方見聞録』はマルコ・ポーロが自分の目で見た部分は正確だったが、聞き書きのジャポンのことは、不正確で「謎の国」であった。

「宮殿の屋根はすべて黄金で葺《ふ》かれており、その価格はとても評価できない。宮殿内の道路や部屋の床は、板石のように、4センチの厚さの純金の板をしきつめている。窓さえ黄金でできているのだから、この宮殿の豪華さは、まったく想像の範囲をこえているのだ。バラ色の真珠も多量に産する。美しく、大きく、円《まる》く、白真珠と同様、高価なものである。この国では死体は土葬にされることもあるし、火葬にされることもある。土葬にするときは真珠を口の中にいれる習慣になっている。その他の宝石も多い」

『東方見聞録』には不思議な話があまりにも多いので、人々はマルコの話を信じられず、「百万倍の大嘘」"Il Milione"という題名をつけた。

カントも自分で、ラテン語で書かれた『東方見聞録』を読んで、その理由がよくわかった。

4 母の葬儀に涙した

1737年12月、カントの母親アンナが40歳で亡くなった。

そのあとには父親の許に、13歳のイマヌエル、その下には3人の妹、さらに一番下に2歳の弟という5人の子どもが残されていた。

母親の一生は、貧しい馬具

マルコ・ポーロの『東方見聞録』

マルコ・ポーロは中国でフビライ皇帝に厚遇され、17年後、帰国した。

ベネチアはジェノバに敗北した。捕虜となったマルコが獄中で仲間たちに珍しい話を語った。ルスティケロ（Rustichello）が出獄後、『東方見聞録』として出版し、ラテン語で“Il Milione”という題名がつけられた。

旅の出来事を記した『東方見聞録』

マルコポーロ

職人の家庭で子どもの養育とつつましい家計のやりくりに終始したものであった。

葬式は救貧資金の助けを受けて、辛うじてすますことができた。

葬儀の日、カントの心は、愛する母親を失った悲しみに満たされていた。

同時に、幼かった頃、母と野道を散歩して過ごした日々のこと、さらに母と約束したことも思い出していた。

カントは幼少時代に、読み・書きを城外町の養育院の学校で最初に学んでいる。

その養育院の勉強が終わった日、シュルツ牧師からフリードリヒ学院へ進むことを勧められた話を、母親が伝えた。

「イマヌエルは学校でしっかり勉強し、すぐれた牧師さんになるのです。お母さんと約束してください」

カントの顔立ちや内曲がりの胸など、体のつくりまで母そっくりであった。

母の神への信仰心は、そのまま、大哲学者カントの思想の根源となっている。

第5章

カントは、大学で何を学んだのか？

1 節約生活の大学生だった

ケーニヒスベルク大学の創立は1544年で、1701年に即位したフリードリヒ1世によって王立学校として認可された。

1740年9月、16歳のカントはケーニヒスベルク大学に進学した。靴屋の親方であった母方の富裕な叔父リヒター・ロイター（Richiter Reuter）が、カントの学資の援助をした。

勉強熱心なカントをみて、医学教授ボーリウスも援助している。

カントの日頃の洋服はよれよれで痛んでいたが、見かねた友人が自分の洋服、ズボンや上着を提供してくれたこともあった。

学友の勉強の手助けなども、わずかな収入となっていた。

得意な玉突きの試合で、またトランプで勝って、金を稼いだこともあった。

大学生時代のカントは、今の言葉で言えば「アルバイト学生」であった。

しかし、カントは決して貧しさに負けていなかった。

節約生活の下宿生活をしながら、勉強に集中していた。

ギムナジウム、フリードリヒ学院で身につけたラテン語の力が、大学生カントの最大の武器であった。

大学で学ぶ論文は、すべてラテン語で書かれていた。

イギリス、フランス、イタリア、ポーランドなどいろんな国の学者の書く論文もすべてラテン語であった。

カントの頭の中の世界が、大きく広がってきた。

2 クヌッツェン教授に何を学んだのか？

少壮の教授クヌッツェン（Martin Knutzen, 1713～1751）は、論理学・哲学の教授であったが、柔軟な思考と広い視野の持ち主であった。

カントはクヌッツェン教授の講義は、すべて欠かさず出席した。

その講義は、自然哲学・道徳哲学から自然法・心理学・代数学・解析学、さらに天文学にまで及んでいた。

クヌッツェン教授の哲学講座で、一つだけ強烈に記憶していることがあった。

「〝Sein から Sollen へ〟、つまり現在の自分から、未来の目標へ向かって進め！　この精神が重要なのだ」

カントは、クヌッツェン教授の言葉の意味が理解できた。

「この言葉は大切だ。生涯、この言葉を実行し、目標を達成しよう」

こう思ったカントは、この言葉を脳裏にしっかりと刻み込んだ。

コペルニクスの「地動説」や、ニュートン（Isaac Newton, 1642〜1727）の「万有引力の法則」も、ラテン語の論文で読むことができた。

カントは、クヌッツェン教授から決定的な影響を与えられている。

その一つは「他の学者の学説に追従せず、みずから思索すべきだ」ということであった。

大学生カントは、ヨーロッパの学問が二つに大きく分かれていることを学んだ。

一つは〈大陸合理論〉である。

17世紀の当時、ヨーロッパの哲学界の最前線はパリとオランダであった。

フランスのデカルト、オランダのスピノザの〈合理論〉、さらにドイツのライプニッツに受け継がれていた。これをヴォルフ（Christian Wolff, 1679〜1754）がドイツ語で整理し、ドイツの各大学で講義されるようになっていた。ライプニッツ・ヴォルフの哲学は「数学的合理的知性を信頼する」を基本とする〈合理論〉であった。

いま一つは〈イギリス経験主義〉である。

島国のイギリスは、ヨーロッパの一部であるが、その哲学は独立しており、やや特殊であった。イギリスのロック（John Locke, 1632～1704）やニュートンは「人間の合理的知性は経験とともに歩まねばならない」と主張する〈経験主義〉の哲学であった。

この〈大陸合理論〉と〈イギリス経験主義〉の両者を、どのように考えるのかがカントに与えられた最大の課題となった。

クヌッツェン教授は彼の蔵書から、ニュートンの『自然哲学の数学的諸原理』（Philosophiae naturalis principia mathematica, 1687）など、多くの文献をカントに貸している。

クヌッツェン教授から、ヴォルフの哲学やニュートンの自然物理学を学んだことが、それ以後のカントの思想の発展にとって決定的な意味を持つことになった。大学生時代のカントは、ニュートン物理学に夢中になっていた。

“Sein から Sollen へ”

ドイツ語の“Sein”は、英語の「be 動詞の現在形」である。

つまり「現在」の自分ということである。

ドイツ語の“Sollen”は、英語の「未来形の shall」である。

つまり「将来」の自分の目標実現をめざせということである。

“Sein”は、ザインと発音する。“Sollen”は、ゾルレンと発音する。

まとめると「ザインからゾルレンへ」が、日本流の発音である。

恩師クヌッツェン教授は1751年、多くの人に尊敬され、愛され、惜しまれつつ38歳の若さで亡くなった。カント大学卒業後、カント27歳の時である。

3「フリードリヒの世紀」が開幕した

カントが活躍していた時代は、第3代プロイセン王フリードリヒ2世（Friedrich II. 1712～1786）の治世であり、フランスの啓蒙思想が理想とされ、自由な雰囲気に包まれていた。

フリードリヒ2世は学問や芸術に明るく、啓蒙的専制君主の典型であり、大王の尊称で呼ばれていた。

1740年は、ドイツ史における「フリードリヒの世紀」の開幕、つまり啓蒙主義が開始される年であった。

大王は少年時代、フランス人の家庭教師に育てられたため、フランス文化に心酔し、ドイツ文化を軽蔑していた。

自国語のドイツ語より、フランス語の方が上手だった。

フランスのボルテール（Voltaire, 1694～1778）と文通し、その指導の下に『反マキャベリ論』を書いている。

フリードリヒ2世は、英仏間の植民地争いから始まった七年戦争（１７５６～１７６３）の苦境をよく耐えて、忍耐と倹約で国力の増強をはかり、ユンカー（地主貴族）を土台とする常備軍と官僚組織の大軍事国家に整備した。

彼はヨーロッパ最強の軍隊をつくりあげ、オーストリア軍、フランス軍、ロシア軍との戦いに連戦連勝で領土を拡大し、ついにプロイセンをオーストリアと並ぶ強国にした。内政にも意を注ぎ、産業の振興・農業の開発・法典の整備など国家の近代化を進めた。

「哲学者の王」の標語のもと、フリードリヒ大王は「君主が国家の第一の下僕である。思う存分議論せよ。しかし、服従せよ」と命じていた。

アイザック・ニュートン

18世紀後半は「シュトゥルム・ウント・ドランク」（Sturm und Drang. 疾風怒濤）という文化史上もっとも華やかな時代であった。

カントはこのフリードリヒ大王の啓蒙主義の時代に、彼の哲学研究活動を自由に思いのままに展開できたのである。

カントは『啓蒙とは何か』（Was ist Aufkläirung, １７８４）

で、この啓蒙君主を「世界無二の君主である」と讃え、「現代はまさに啓蒙の時代、言い換えればフリードリヒの世紀である」と記述している。

4 卒業論文に意気込みを示した

1746年3月、父が64歳で死去した。カントは、もはや学生生活を続けられなくなった。

1746年夏、カントは論文『活力測定考』(Gedanken von der wahren Schätzung der lebendingen Kräfte. 1747)を提出し、大学を去った。正式な卒業ではなく、中途退学のようなものだったとされる。

カントは、この著の序文に書いた。

「私は既に、私が進む道を描いている。私は、その道を進む。そして如何なるものも私のこの道を妨げてはならない」

カント青年は、意気盛んにして批判的精神に燃えていた。

この『活力測定考』は、翌年、それまでも助けてくれた母方の叔父リヒターの援助で出版された。カントの処女作である。

1747年4月22日、実はカント24歳の誕生日を記念しての出版であった。

この論文に、セネカ（Lucius Annaeus Seneca, B.C. 4頃～A.D 65）の名言「羊たちのように、先行の群れに追従するな」を引用した。

「先に行くものの後ろから、ついて行く羊の群れのような動きをするな。自分の頭で考えて、自分が正しいと思う道を自ら選んで進め」ということである。

カントは自分の進む道を、明確につかんでいた。

「私はライプニッツとデカルトの物理学を批判した。新しい空間科学を打ち立てる能力があると思う。私はすでに、自分が進むべき路線の略図を設定した」

当時、学問的な著書はすべてラテン語で書かれていた。

しかし、デカルトは代表作の一つ『方法序説』をラテン語の読めない一般の人にもわかるように、わざわざフランス語で出版していた。

カントは、フリードリヒ学院で、フランス語を学んでいた。

〈我思う、故に我あり〉（フランス語：Je pense, donc je suis.）と考えたデカルトの決意が気に入った。

カントは自分の進路に、自信と確信を抱いていた。

「目前の困難に力強くたち向かうためには、自らのめざす目的は実現されるであろうという〝希望〟をもち、さらには〝確信〟をもつことが必要である」

これは、デカルト『情念論』(Les passions de l'âme. １６４９年)の結びの言葉である。カントは、デカルトの『情念論』のこの言葉が大好きだった。

翻訳書でなく、直接、著者が書いた言葉で読める語学力、これがカントの幅の広さでもあった。

オランダ語で書かれた「旅行記」や報告書が大学図書館にもたくさんあったが、カントはそうした文献も大量に自由に読んでいる。

第6章

家庭教師で何を準備したのか？

1 家庭教師は大学卒業後の〈お決まりコース〉だった

1746年夏、カントは22歳でケーニヒスベルク大学を卒業した。

この時、両親ともすでにこの世になかった。

家庭教師、これが当時のドイツにおける貧しい神学生・哲学生の、卒業後のお決まりのコースであった。

この時代、ドイツでは貴族の子弟の教育はおかかえの家庭教師によって行われるのが普通であった。

家庭教師は、裕福な家庭に住み込み、安い給料で子弟の教育全般を引き受けなければならなかった。

カントの頭の中には、自分の人生計画がすでに完成していた。

まず、大学教師となる実力を養成することである。

具体的には、大学で学んだ「地動説」と「万有引力の法則」、二つの〈天体論〉を、さらに深く考えることだった。

いま一つは、マルコポーロの『東方見聞録』を読んで以来、大好きとなった「旅行記」を楽しんで読むことだった。

これから数年間の家庭教師の生活が、大学教師となって以後、大いに役立つことになった。

2 馬車に乗って牧師や貴族の家に向かった

1747年、カントが向かった先は、プレーゲル川上流のポーランド近くの農村の牧師アンデルシュ家であった。

カントは、当時の交通手段にしたがって馬車で出かけている。

その後、1750〜53年には、東プロイセンの田舎住まいの貴族、フォン・ヒュルゼン家の家庭教師をしている。

当時、すでに「旅行記」ブームであった。

カントが家庭教師をしていた牧師や貴族のそれぞれの家庭にも、世界各地を訪れた物語、「旅行記」が何冊もあった。

カントは「旅行記」一冊を読むごとに、頭の中の世界がグングン広がっていった。嬉しくてたまらなかった。

カントは、「旅行記」も好きだったが、彼が大学時代の8年間、一番熱心に学んだのは

〈ニュートン力学〉だった。

ケーニヒスベルク大学の学生時代に、カントはすでにラテン語の原書でコペルニクスの『天球の回転について』(De revolutionibus orbium coelestium. １５４３) を読んでいた。

ケーニヒスベルク大学の東方約50キロに、ポーランド領の港町フロンボルクがある。

ある日、その港町フロンボルクの街角に「コペルニクスの塔」があるという話を耳にした。

ケーニヒスベルク大学の近くの港町に「コペルニクスの塔」が、現在も残っているという話であった。

カントは、その事実に驚いた。

「えっ！　今の時代から２００年前のことなのに、記念碑が残っているのか！」

カントは、東北50キロ先の町にコペルニクスが住んでいたことを知った。

そこの塔から、コペルニクスが毎晩のように夜空を観測し、１５４３年に「地動説」を発表したのであった。

カントはコペルニクスの業績を色々と調べはじめた。いくつか面白い事が分ってきた。

彼は18歳でクラクフ大学に入学、22歳で、牧師の仕事についた。

翌年、教会の司祭で、のちにポーランドのキリスト教会の有力な司教になる叔父ルカス

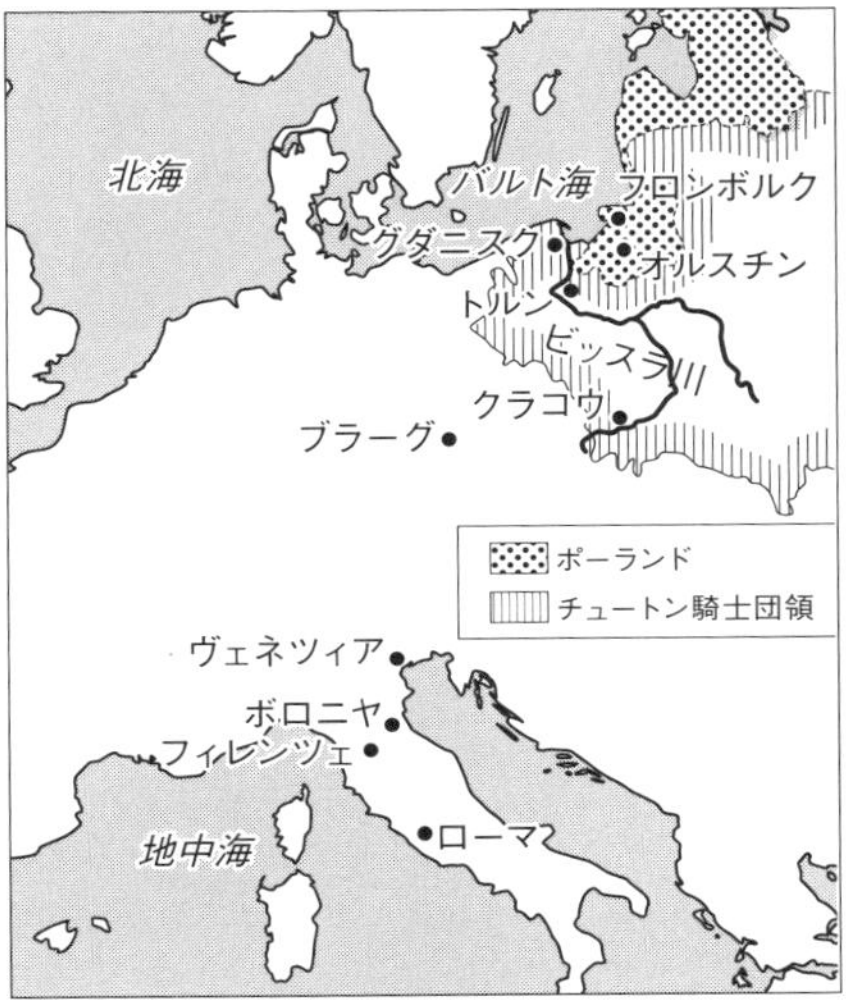

図は『大地を動かした人びと』
（関口直甫著、新日本出版社、1972年）より

コペルニクス

コペルニクスの塔。
彼の居宅で、ここから観測した。

・ヴァッツェンローデ（Lucas Watzenrode, １４４７～１５１２）にイタリア留学を命じられた。

１４９６年にイタリアのボローニャ大学に留学し、その後、バドバ大学にも留学している。

各大学で学んだのは、キリスト教の神学である。

留学期間の10年間を終えてポーランドに帰国したのは１５０５年である。

イタリアの大学でギリシャ語を勉強したことで、古代のギリシャ哲学者の中に、アリスタルコス（Aristarchus, B.C. ３１０頃～２３０頃）などの天文学説があったことに気がついた。

「けた違いに明るく光り輝く太陽が、宇宙の中心にあるべきだ」

「地球は太陽の子である」

「地球の方が太陽の周囲を巡っている」

などなど、アリストテレスと同時代に、すでに「地動説」を唱えた学者がいたのである。

コペルニクスは、1505年ポーランドに帰国後、自分の目でそのことを確かめるため、自分の勤務するキリスト教会の屋上で天体観察をはじめた。

1519年末から21年にかけてドイツ騎士団が、コペルニクスが関わっていたオルスチン城を包囲攻撃してきた。

戦争は2年間で終わったが、この城のそばに、「コペルニクスが、この城で英雄的に戦った」と刻まれた記念碑が残っている。

その当時の天体観察の結果をまとめて、コペルニクスは1543年に地動説の論文を出版したのである。

カントは前述したように、学生時代に『天球の回転について』をラテン語の原書で読んでいた。

〈中心に太陽、その周囲を水星・金星・地球・火星・木星・土星などの惑星が巡っている〉

このコペルニクスの結論が、ニュートンの「万有引力の法則」へと受け継がれたのである。カントも、そこまではわかっていた。

3 カイザーリンク伯爵家で何を学んだのか？

1755年頃、しばらくの間、カントはテルジット市近傍《きんぼう》のカイザーリンク伯爵の所へ、家庭教師として週1～2回、馬車で通っていた。

カイザーリンク伯爵（Gebhard Johan Fridrich Graf Keyserlingk, 1699～1761）家は、プロイセンの貴族で15世紀にドイツ騎士団のために戦い、その功で財を成したと言われる。のちのロシア女帝エカテリーナ（Ekaterina II, 1729～1796）の一門とも関係があった。

伯爵家には、兄アントン10歳、弟オットー8歳の二人の息子がいた。

カントはこの家族の信頼をあつめ、良き友となっていった。交わりは長く続いている。

二人の息子は、のちに大学に進み、カントの教えを受けている。

カイザーリンク伯爵の領地は、ロシア側（バルト三国地方）にあった。

カントは静かな田園生活のなかで、やがて咲き出る春のための準備をすることができた。

近郊の素封家の家庭教師としての生活は、勉強を進める上に好都合であった。

カイザーリンク伯爵夫人が描いた
若き日のカント

カントの関心は「旅行記」だけではなかった。あらゆる方面にひろがっていった。

カントはこの家族の信頼をあつめ、良き友となり、交わりは長く続いた。

当時、社交界の中心であったカイザーリンク伯爵家に、カントはいつも招かれる常連であった。

伯爵夫妻は、直接間接にカントに国際人としての感覚を移し植えてくれた。

当時、30歳すぎのカントは、伯爵夫人とも親しくしていた。

伯爵夫人シャルロッテ（Gräfin Caroline Charlotte Amalie von Keyserlingk, 1727～1791）は、プロイセンの陸軍元帥《げんすい》の娘で、音楽や絵の才能もあり文学にも詳しかった。

夫人はカントと、ニュートン物理学について論じあうことができた。

才色兼備の伯爵夫人は、未来ある大学教師カントに、特別の親しみと尊敬を寄せていた。

夫人が描いた当時のカント像は、いかにもおしゃれで、流行の先端をいく若きカントをよく表わしている。

ハインリヒとシャルロッテ夫妻

伯爵夫人との交際は長く続き、夫人がのちにカイザーリンク伯が亡くなり、彼の甥・ハインリヒと再婚してケーニヒスベルクに移住してからも、カントはしばしば彼女を食事に招待している。

4 咲き出る春、何を準備したのか？

この頃、週刊の論文報告書が出版され、さまざまな国の学者たちの仕事を知ることができるようになっていた。

カントは自然界の「謎解き」のため、地質学・自然学の書物、研究報告など、多くの文献・資料を貪るように読んだ。

カントは自問自答をはじめた。

これらすべてをどのように考えるべきかと、

さまざまに思いめぐらしはじめていた。

家庭教師時代の8年間の勉強で、カントは一段と人間が大きくなった。

多くの「旅行記」を読み、また上流社会の生活にふれ、世情や人情に通じ、人間知を身につけることができた。

彼の頭の中にはすでに幾多の研究の大筋ができあがり、その多くはほとんど完成の域に達していた。

1754年以降、カントは矢継ぎ早に論文を発表している。

1754年（30歳）には再びケーニヒスベルクに戻り、1755年3月、『天界の一般自然史と理論――ニュートンの諸原則に従って論じられた全宇宙構造の体制と力学的起源についての試論』（Allgemeine Naturgeschichte und Theorie des Himmels. 1755）の原稿を出版社に送った。

この論文で、カントは宇宙の発生を純力学的に解き明かすことを試み、宇宙進化論の先駆である「星雲説」を示唆していた。

当時、ヨーロッパのどこかで、繰り返し大きな地震が起きていた。

「地震はなぜ、このように頻発するのか?」と、カントは考えはじめた。

ガリレオの望遠鏡による観察結果、太陽黒点・月面の凹凸などから、カントは想像力を駆使し、壮大な宇宙論を発表しようとしていた。

ところがこの本は匿名《とくめい》の出版であり、印刷後に出版社の倒産という悲運に見舞われ、カントの本は差し押さえられてしまった。独創的なアイディアを含んだこの作品は完全に埋もれてしまったのだ。

大学の私講師資格試験を受ける3か月前のことである。カントはのちに別の著作にこの作品の要約を入れている。（責任編集加藤尚武『哲学の歴史』第7巻、2007年、中央公論社、同書の92頁）。

第7章

私講師でどのような花が開いたのか？

1 火と地震から「新説」が生まれた

１７５５年４月、30歳を過ぎたカントは、学位論文『火に関する若干の考察の略述』(Meditationum quarundam de igne succincta delineation. １７５５)をケーニヒスベルク大学に提出した。『天界の一般自然史と理論』は出版社が倒産して世に出なかったが、その内容は口づてに伝わっていた。

６月12日に、この論文をめぐって、当地の名望家や学者たちが〈稀に見るほど多数〉集まった中で、恒例の試験が行われた。

カントは自然科学的な考察から「火・熱・光などの現象が地震の原因である」と、説明をはじめた。「熱物質」を一つの根源的物質として想定していた。

これまでの天文学の学説の流れ、コペルニクスの「地動説」、次いでニュートン「万有引力の法則」の説明、さらに、ガリレオが望遠鏡で観察したことも詳しく紹介した。

「月はアバタだった。月にも地震があった証拠だと思う」

この話に、聴衆は声をあげて驚いていた。

最後は、カントの新説「星雲説」の説明である。

「地球の内部は、太陽のように真っ赤に燃えている。そして時々その火の塊が地下から

地殻は平均 20 キロメートルくらいの厚さしかない。

地殻はリンゴの皮の厚さ、その内部は燃えたぎるマグマである。

この皮が破れ、マグマが噴出したのが火山である。

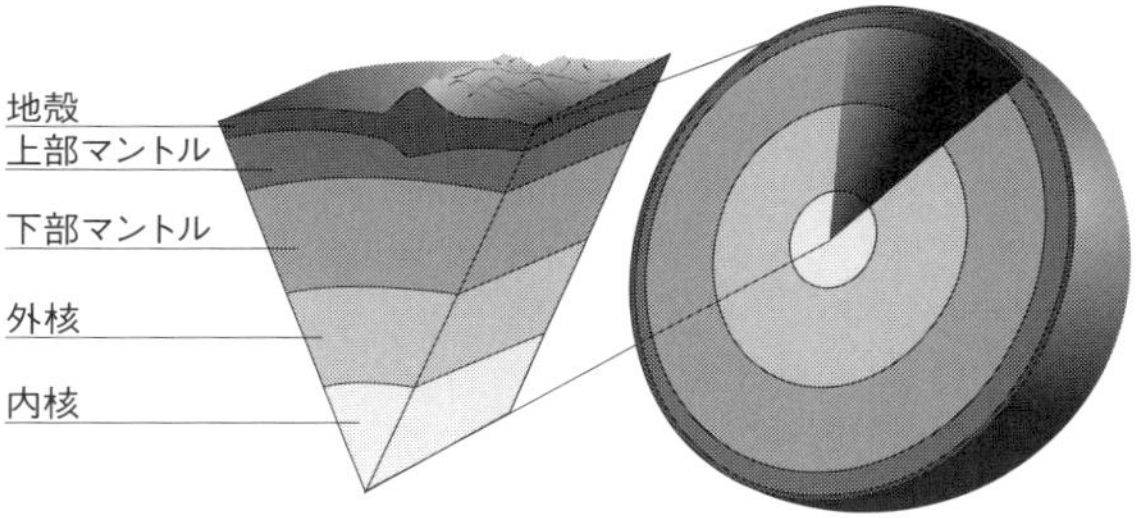

地球の地殻とマグマ層

図は Wikimedia Commons を元に改変
（https://commons.wikimedia.org/wiki/File:Earth-crust-cutaway-english.png）

爆発する。それが地震なのだ。

地球の表面を覆っている部分は、薄い皮なのだ。

太陽系は一つの星雲から生まれた。宇宙にある無数の恒星も太陽系とおなじ星雲である」

「地球は自然の驚異を内部に秘めている。正しい知識があれば〝おとぎ話〟の世界に迷い込まなくなる」

これが、この日のカントの結びの言葉であった。

聴衆はカントの講演に耳を傾け、尊敬の情をもって、この新しいマギスター（修士）を歓迎した。こうしてカントはめでたく学位を得たのである。

② 私講師には給料が出ない

1755年9月12日、講師就職資格論文『形而上学的認識の第一原理の新しい解釈』(Principiorum primorum cognitionis metaphysicae nova dilucidatio.)を提出した。この論文についても、公開討論があった。

学位授与式には、珍しく、この地の名士や学者が押し寄せたが、カントは学位を受けたのち、謝意をこめてラテン語で講演を行った。

カントはこの年の冬学期から私講師として講義をはじめることになった。

私講師時代(1755〜1760)は大学から給与が出ないので、友人の家に同居したり借家生活をしたりであったが、毎日4〜5時間の講義をしている。

その間、一度の遅刻も休講もなく、終始、その職責を忠実に果たしている。

カントの読書範囲は、地質学・自然学・旅行記その他、各種の研究報告に及ぶ幅広い研究であった。

カントの講義は、学生以外の一般市民にも公開されていた。

誰が聞いても良くわかる、趣味と実益とを兼ね備えた講義であった。

弟子ボロフスキー(Ludwig Ernst Borowski, 1740〜1831)が、次のように語っている。

「先生は、当時、新市街にあるキュプケ教授の家に下宿していて、その広い講義室を使いました。信じられないほど多くの学生で埋まり、玄関や階段までぎっしりと詰まっていました。カント先生は、ひどく困惑、ほとんど狼狽。普段よりいっそう低い声で話し、時おり言い直し、この態度は、先生へのわれわれの敬慕の念をますます募らせ、先生の深い学殖を確信してしまいました。先生はひじょうに謙虚でしたが、臆しているとは思えませんでした」

学生にこのように教えながら、カントは講義の反省もしている。

有名な文学者ヘルダー（Johann Gottfried Herder, 1744〜1803）も、カントの講義を絶賛している。

「その額が、明朗の座であった。思想に満ち溢れ、このうえなく愉快な話が流れでた。ユーモアと機知と即妙とは、彼の意のままであった。彼の哲学は、みずから思索することを目覚めさせた。自分史と自然学、人間の歴史と民族の歴史、数学と経験、それらが彼の気に入りの源泉であった」

私講師となった最初の年、カントはまだ貧しく、生活のために自分の蔵書を売らねばならない事もあった。

しかし翌年になると、すっかり様相が変化した。学生の受講料だけの収入なのに、カン

カントの家（1852年に描かれた作者不詳の木版画）

トの授業は大人気で学生が詰めかけ、受講料収入が多くなったのである。

そのためか２部屋の住まいで書斎もあり、家事をする人の部屋もある相当の家を借りて住むようになった。

「私講師時代は、わが人生最良の年であった」と述べている。

私教師となって、カントは国務大臣、知事、貴族、軍人、顧問官、銀行頭取、商人などの家に招かれるようになった。

とくに社交サロンの中心であったカイザーリンク伯爵家には、その甥たちの家庭教師であったためか、よく招かれた。

私講師に採用された３年後、１７５８年、カントは34歳であった。

七年戦争（１７５６～１７６３）で、プロシア軍はロシア軍に敗れた。

3 兵士相手に特別講義をした

ロシア軍の将軍フェルモルの入城は、1758年1月22日であった。カントの私講師時代の最初の5年間は、ロシア軍がケーニヒスベルク市一帯を占領していた。

ケーニヒスベルクの市当局も、大学も、市民も、すべて進駐軍に忠誠を誓約していた。

ロシア軍の占領が寛大に行われたからである。

進駐軍が入って来ると、市の様相はがらりと変わった。

フェルモル将軍の出身地はリトアニア海岸のクールラントで、生来の親プロイセン派であった。

兵站基地の活況は市民の風儀を乱しもしたが、ロシア将校たちの貴族的社交趣味は、むしろ今まで眠っていた田舎都市を、いっぺんに近代化した。

カントは冬営で退屈しているロシア将校のために教養講座を開いた。

進んで将校クラブの社交の常連となり、多数のロシア人のファンを獲得した。

国際的センスのあるカントの特別講義は、占領軍将校の間ですこぶる受けが良く、ついに軍司令官フェルモルが布告を出した。

「将校は、全員、大学の何かの聴講生になるべし」

その上、大学の教官の給与を一挙に倍増という処置がとられた。

ケーニヒスベルク市がロシア軍の占領下にあったのは1758年から1763年までの5年間であったが、研究者カントの生活にも変化が起こっている。

午前中の講義がすむとコーヒー店に入って一杯のお茶を飲み、その日の出来事について喋ったり、大好きな玉突きをしたりした。

昼食は食堂でするか、招待された人の家でお喋りを楽しみながら過ごした。

夕食も同様で、またカルタ遊びも好きだった。

カントは観劇も楽しんだし、服装も結構おしゃれであった。

1759年の小論文に、カントは次のように書いていた。

「全体は最善である。そしていっさいは全部のために善い」(das Ganze das Beste sei, und Alles um des Ganzen willen gut sei.)。

こうした楽天主義的世界観はカントだけでなく、18世紀ヨーロッパ思想界共通のイメージであった。

１７６３年、ロシア軍が引き揚げて、もとのプロイセン軍隊の駐留に戻ってからも、プロイセン軍の特に上級将校との間のつきあいになった。

１７６３～１７６４年の冬、カントは軽騎兵連隊長マイヤー将軍の依頼で、将校たちのために自然地理学と数学の講義をし、毎日のように将軍のもとに食事によばれていた。

また将軍ロソフから招かれて、１７６５年秋休暇にロシア国境近くの将軍の領地を訪問した。

これは、カントの生涯最大の旅行であった。

『美と崇高との感情に関する観察』(Bemerkungen zu den Beobachatungen über das Gefühl des Schönen und Erhabenen. １７６４）は、森林官ヴォプザーの住宅で書かれた作品である。

１７６３年、カントは森林官ヴォプザーと親しくしていた。

ケーニスヒブルクはロシア軍の占領下にあったが、私にとっては楽しい期間でもありました。社交界の人びととふれあい、たまには郊外にもでかけました。

私は一人で食事をするのを嫌い、居酒屋で仲間を探したり、玉突きをすることもよくありました。

図版出所：Portrait of Kant. Pen drawing. М．Басьюл
（http://www.kant-online.ru/en/?p=265）

この森林官の住宅の森の静かさの中に、カントは数日間滞在した。その時に書かれたのが、この論文である。

当時、商業顧問官ヤコービ家にも、カントは出入りしていた。

この家庭は、教養あるサロンの観を呈し、軍人や貴族や造幣官らが常連の客であった。

このサロンの魅力の中心は、若い美貌のヤコービ夫人であった。

4 結婚のチャンスはあったがしなかった

当時、交際していた美貌のヤコービ夫人から、カントへの私信がある。

「偉大な哲学者のあなた様に不躾なお手紙ですが、昨日私の庭園にお見えになられると存じていましたが、残念でした。あなた様への贈り物の〝剣つり紐〟を準備して待っております。どうぞ明日午後お遊びにいらして下さいませ」（1762年6月12付け）

この時、ヤコービ夫人は23歳であった。

その4年後の1766年にも、彼女は旅行先のベルリンからカントへ手紙を出している。

夫人は1768年に離婚して、翌年造幣官ゲーシェンと再婚した。

ヤコービ夫人と造幣官ゲーシェンの、どちらとも親交のあったカントだが、それ以後いかに誘われてもゲーシェン宅を訪問しなかった。

60年代前半から後半にかけて、カント40歳前後の時期は、彼の社交的活動が頂点に達した時期であった。

いく度か結婚のチャンスも訪れたが、カントは「チャンスの女神の前髪」を捉えなかった。

「女性の徳は美しい徳である。男性の徳は高貴な徳であるべきである」

カントは自著『美と崇高との感情性に関する観察』(Beobachtungen über das Gefühl des Schönen und Erhabenen, 1764)の中で、このように述べている。

独身の秘密は？　何故、彼は結婚をせず、生涯、独身で通したのだろうか？

失恋したのか？　やはり最大の原因は、体が弱かったことだと思われる。

カントは、けっして結婚否定論者ではない。

カントは女嫌いでもなかった。自分の父母の夫婦愛も知っていた。

女性に敬意をはらい、才知に富む多くの婦人を友達にしていた。

天は、彼に偉大な精神を与えた。その優れた精神、その優れた才能を哲学的な思考に捧げることを命じた。

この第一の義務を果たすために、結婚を考えるゆとりがなかったのだろう。

身長は低く、胸は扁平で、骨組みは弱かった。晩年には、背骨はひどく曲がって、筋力も弱々しかった。

肉付きは悪く、肺臓は小さく、すぐ鼻カタルを起こしかねなかった。

胃は丈夫でチーズ好きで、相当の健啖家であった。しかし、しじゅう便秘していた。

思考の座である頭脳は、さすがに大きかった。視覚・聴覚・味覚などは、すべて鋭敏であった。

5 感覚・観察の大切さに目覚めた

イギリスの経験論者ヒューム（David Hume, 1711～1776）は、1739年の著作『人間本性論』（A Treatise of Human Nature）2巻本の第1巻を平易に書き改め1748年に『人間知性に関する哲学的試論』（Philosophical Essays Concerning Human Understanding）として発表した。さらに1758年には『人間知性の研究』（An Enquiry concerning Human Understanding）と改題した。『人間本性論』第1巻は、後世にはこの書名で知られるようになった。

カントはこの改題本を読んだと思われる。

「知識のもとは感覚的印象である。因果法則も感覚から生ずるものである」

カントはヒュームの感覚論を繰り返し読み、悟るところがあった。

『プロレゴメナ（序論）』（学として現れうべきあらゆる将来の形而上学へのプロレゴメナ Prolegomena zu einer jeden künftigen Metaphysik, die als Wissenschaft wird auftreten können. １７８３）の中に、カントの反省の言葉がある。

「私は率直に告白するが、ヒュームの警告こそは、はるか以前のことだが、私の〝ドグマ的まどろみ〟をはじめて破ったものであり、思弁哲学の領域における私の研究に、まったく別の方向を与えたものであった」

カントは「理論だけで押し通すのは〈独断的〉であった」と、これまでの独りよがりの〈合理的思考法〉を反省させられた。

デヴィッド・ヒューム

当時、オランダで発明された顕微鏡で、池の泥水の中にワラジムシなど無数の微生物が生息することが観察されるようになっていた。

１６７３年、オランダのレーウェンフック（Anton van Leeuwenhoek, １６３２～１７２３）が、イギリスの王立協会に送った報告書がある。

「この水滴の中の小動物たちの動きは、とても早く、そして実に変化に富んでいる。上に向かうもの、下へ向かうもの、そしてぐるぐる回るもの。じっと見ていると、まるでおとぎの国を訪れているような気がする」

泥水の中のワラジムシの話は、カントにはこの上ない驚きであった。

「議論は、実験・観察が出発点なのだ」と気づかされた。

こうして、カントは自分のドイツ的心情と、イギリス経験論の対決を迫られることとなったのである。

6 人間尊重が基本だった

カントは定められた時間で規則正しい生活を送る人だった。

ルソー（Jean-Jacques Rousseau, 1712～1778）の『エミール』（Émile, 1762）を、発行されたその年の夏にフランス語で読んだ。

『エミール』に読みふけったため、2～3日規則正しい生活が崩れた。この話が、カントの有名なエピソードの一つとして伝わっている。

ルソーは、「児童の本性の尊重、自由で自然な成長をうながすことが教育の根本である」と主張していた。

「かつて私は、学問だけが人間たるものの誇りとなりうるのだと信じていた。そして、無知の民衆を軽蔑していた。ルソーは私の誤りを正してくれた。目のくらんだ優越感は消え失せ、私は人間を尊敬することを学んだ。

学者が偉いのではない。真実は、一般民衆の生活、人間の自然の姿である。人間の不変の本性を掘り当てなければならない」

この言葉がカントの『エミール』読後の感想である。

カントは終生ルソーを尊敬し、その書斎にルソーの肖像を掲げていた。

すべての人間を尊重するという点で、カントはルソーの思想に惹きつけられたのである。

ジャン＝ジャック・ルソー

ルソーの『エミール』を読んで、人間の自然的感情を重んずるその思想によって、道徳的なものの基礎づけには、今までのような形而上学が不必要であるということに気がついたのだと思われる。

カントの心が人間尊重という方向へ、大きく変化したことを示している。

カントは少年時代、「正直、勤労、実直の生き方をせよ！」と繰り返し語っていた父親の教育を受けて育っている。
この父親の言葉が、ルソーの文章と、重なって響いていた。

第8章

「星雲説」で世間を驚かせた

[1] 天文学の研究で〈新説〉を発表した

１７５５年3月、カントは既に『天界の一般自然史と理論』を「ニュートンの諸原則に従って論じられた全宇宙構造の体制と力学的起源についての試論」という副題をつけて、まとめていた。前述したように、この論文は、印刷直後、出版社の倒産で、実際の発表は後回しとされてしまった。

哲学的に興味深いのは、カントはこの論文で、一方ではニュートン的な自然観で宇宙の発生を機械論的に説明しながら、他方でこの宇宙の法則の根底には神の創造の目的があると認め、調和統一を図っていることである。

正確な知識を蓄えたカントは、それを実際の見聞で補い、独自の構想力と考察とによって、一つの整然たる世界像を把握するように努めていた。

カントは、論文をつぎの文章で結んでいる。

「晴れわたった夜、星しげき空を眺める時、人はただ高貴な魂のみが感ずる一種の満足を与えられる。自然の静けさの中、不滅な精神の隠された認識能力は、言いえざる言葉を語り、記述することのできない概念を与える」

その頃、オランダでは眼鏡のレンズ磨きの細工師の所で、いろいろな工夫・発明が始まっていた。

一つは、先に記したレーウェンフックの顕微鏡の始まりである。

いま一つは、オランダで子どもが遊んで凹凸のレンズを組み合わせていると、物が大きく見えたという話である。

この話を聞いたガリレオ（Galileo Galilei, 1564〜1642）は、自分で凹凸のレンズをさまざまに組み合わせはじめた。

2倍、4倍、10倍、ついに倍率30倍の望遠鏡が完成した。

この倍率30倍の望遠鏡で、1609年にガリレオの天体観測が始まった。

「月は美人だと思っていたが、アバタだった。木星の周りを巡る衛星が4個見つかった」

ガリレオは、この結果を『星界の報告』として公刊した。

1611年、教職を離れ、故郷に戻ってメディチ家のお抱えの学者となった。

1616年にローマ異端審問所から「神の教えに違反する」と警告を受けた。

ガリレオはいかなる権威にも屈しなかった。

『二大世界体系についての対話（天文対話）』（Dialogo Sopra I Due Massimi Sistemi del Mondo, 1632）を、ラテン語でなく母国語のイタリア語で、論述形式でなく対話形式で書いた。

この論文は、宇宙の発生を純力学的に解き明かすことを試み、宇宙進化論の先駆をなし

ガリレオ・ガリレイ

ガリレオ・ガリレイは天文学の父といわれている。木星の衛星が３つあることを発見した。金星が月と同じように満ち欠けを繰り返すことも発見。太陽の黒点も観測した。

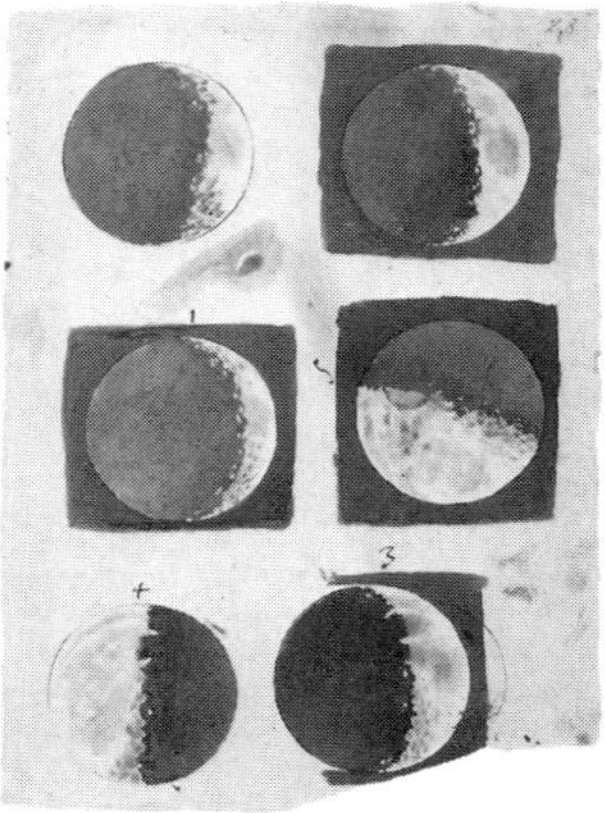

ガリレオ・ガリレイと彼がスケッチした月

た〝星雲説〟の論文であった。

１６３２年公刊のこの論文が名文であったため、多くの読者が喜んで読んでいる。

そのため、ガリレオは法廷に呼び出されることになった。

「太陽が世界の中心で不動との命題は、哲学的に虚偽、神学的には異端なり。明白に聖書に反すればなり」という判決を受けた。

このため70歳近い老学者ガリレオは終身禁固刑に服することになった。

しかし、ガリレオは死没するまでの9年間に、さらに著名な古典『新科学対話』を著述した。

カントはこの宗教裁判などの経過も知っていたが、ガリレオの月面観察の話を活かすことにした。

「太陽は燃えている。地球の内部も燃えている。それが爆発して火山となっているのではないか？」

「ガリレオが望遠鏡で見たアバタは、以前の噴火跡かもしれない」

カントの頭の中で、太陽・地球・月の関係が、クルクルと回転しはじめた。

この三者を結ぶものは、「火」そして、「地震・火山」であった。

こうしたことを考えながら、カントは「謎解き」を楽しんでいた。

カントは、原始太陽系では、原始太陽を中心として、そのまわりに薄い円盤状をなして、現在の惑星系をつくっている物質が分布していたと考えた。

この円盤部の物質が、中心に向かって落下する途中で盛んに衝突した結果、すべての物質が円形軌道を描くようになり、やがて惑星が生じたと考えた。

2 事実から、次々と推理・類推する

1、「太陽系は一つの星雲から生まれた」
まず、星雲の回転運動から太陽系が発生したと考えた。

物質がまだ個々の天体を形成していなかった。

ガス状に漂っていた原初の状態に、引力と斥力《せきりょく》が働き合っていた。

そこに渦巻きが生じてきた。

続いて、燃えて回転する星雲が、長い時間を経過して冷却する。

さらに、燃える太陽とその周囲を回転する地球があると考えた。

その次が、新説の「地球の内部はまだ燃えて、時々爆発して地震となり、火山となる」である。

またさらに、この地球を巡る月は完全に冷え切った月と考えた。

燃える太陽から、いくつもの星が分れた。

地球も、その一つである。

そして、地球の周囲をめぐる月も生まれた。

〈太陽・地球・月〉は、火の玉で連続する〈親・子・孫〉だと推察した。
2、さらに「宇宙にある恒星は無数の太陽系＝星雲である」と、類推した。
3、こうして「宇宙全体は永遠に動く一つの生命体である」という結論を出した。
カントはこのような順序で類推し大胆な仮説「星雲説」を発表したのである。

カントは恒星の一つひとつも太陽系と似た存在だと類推、それらの集まりが銀河系をつくっていると考えた。

さらに、この大宇宙には銀河系のその向こうにも別の銀河系があり、宇宙は無限の広がりを持っているという「壮大な宇宙論」を唱えたのである。

3 全宇宙は内部から自己運動している

カントの論文によって初めて、宇宙はその内部からの自己運動として、つまり生きた生命体として理解される道を開いた。画期的な論文であった。

バラバラに、それぞれが輝いているとされた全宇宙の星々が、巨大なまとまりとして捉えられた。

ギリシア哲学以来の伝統的な宇宙論のモチーフが、当代の最新の知識であるニュートン物理学によって補強され、それがさらにカントの敬虔なキリスト教の信仰と豊かな感覚にあふれた熱情とによって、一つの整然たる「世界像」にまで、まとめ上げられたのである。

ギリシア時代の宇宙論、それを受けてのコペルニクスの地動説、さらに、ニュートンの法則、歴史的にみれば、ガリレオによる自然現象の機械的説明を宇宙全般に拡張して、宇宙創造説をも説いたデカルトの『世界論（宇宙論）』（Le Monde, 執筆は1633年頃、出版は彼の死後1656年）の展開という一面もある。

それが、カントの「星雲説」である。

次いで、18世紀末にフランスのラプラス（Pierre-Simon Laplace, １７４９～１８２７）が、カントとは独立に同様な宇宙発生論を発表した。

カントの「太陽系生成説」説は、のちにショーペンハウエル（Arthur Schopenhauer, １７８８～１８６０）によってラプラス説の先駆をなすものとして認められ、現在太陽系の起源に関する「カント＝ラプラス星雲説」と呼ばれている。

発見がどちらが先かという論争では、１６７７年に起きた「微分法発見論争」が有名である。

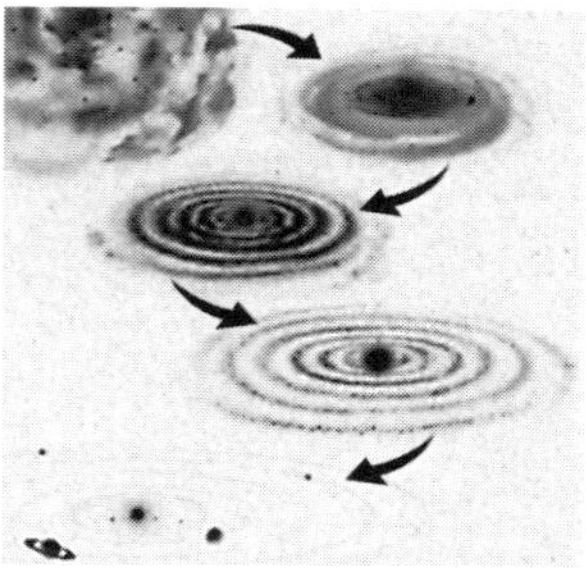

図版出所：
http://www.daviddarling.info/encyclopedia/N/nebhypoth.html

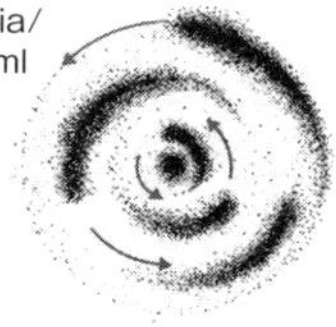

カント＝ラプラスの星雲説

太陽系の誕生を解明しようとする説の一つ。1755年にカントにより提唱され、1796年にラプラスによって補強された。太陽系はもともと巨大なガスの雲で、緩やかに回転する高温の星雲状ガス塊が、冷却収縮するにつれて回転を速めて分離したものが惑星となり、中心に残ったガス塊が太陽になったとする。

現在では、実際は太陽の回転が100倍くらい速くないとできないと考えられている。

ニュートンとライプニッツの「数学の微積分は、どちらが先だったのか?」、双方ゆずらず先行者争いをしていた。

「星雲説」では、カントが先かラプラスが先か? が問題となる。

哲学者カントの「天体論・星雲説」1755年3月発表で、カントが先である。

天文学者ラプラスの「星雲仮説」が発表されたのは、カント発表の40年後の1795年である。

二人の学説を合わせた「天体論」は仲良く、「カント＝ラプラスの星雲仮説」となっている。

現代宇宙論で言われる〈対称性の自発的破れ〉にも通じたラディカルなアイディアはまことに魅力的である。

4 神が創造した全宇宙

「夜空の中空高く見える恒星、豪奢《ごうしゃ》とも見える恒星のすべては、その一つひとつが太陽と同じである」

この言葉の背後には、カントが幼年時代に母から学んだ、敬虔主義の教えがあった。

「神の創造力の現れる空間を、銀河の半径をもって描かれる領域にまで広げても、それは直径1インチの小球の中に、それを限定した場合と比べて、いささかも、神の無限性に近づいたことにはならない。

創造は一瞬の内になされるものではない。

創造ははじまって以来、たえずその豊かさの程度を増しながら、永遠の全過程を貫いて働く。

幾百万、幾千万の世紀の時代を超えて流れつつ、絶えず新しいもろもろの世界、もろもろの世界の事業が、相次いで大自然の中心点から最も遠い範囲にわたって形成され、完全性をめざして進んでいく。

創造はかつて開始されたのであるが、決して止むことなく常に働いて新しい事物や新しい諸世界を産出しつつあるのである。

宇宙全体は永遠に動く一つの生命体である」

すべての天体が回転する星雲の塊から発生したというカントの「宇宙論」には、神の創造の力が働いている。

「自然が、混沌のうちにあってさえも、規則正しく秩序立って働く以外になしようがない、というまさにそれ故に、神が存在するのである」

太陽系生成の科学的理論は、「カント＝ラプラスの星雲仮説」に始まった。

太陽系生成の理論は、さまざまあり、まだ、確定的なことはわかっていない。

しかし、今後の太陽系の進化を推測すると、惑星の軌道は惑星間の引力があっても安定していて、軌道が大きく変化することはないと考えられている。

宇宙の謎は、現在も、将来も、限りなくさまざまな研究が継続され、現在進行形である。

第9章

地理講座は、なぜ人気の的だったのか?

1 有名だったカントの地理講座

1756年の夏学期から、カントの「自然地理学」の講義が始まった。講義の資料は、もっぱら「旅行記」であった。

「至る所で眼につくもの、奇妙なもの、美しいものを探し出して、一旅行者の知的好奇心で取り扱う。地球の形、大きさ、運動、およびそれらの天体との諸関係を地質学的立場から研究する」

カントはこう言って世界地理の講座を、自分でも楽しんでいた。

1492年、コロンブスのアメリカ大陸到達以来、世界は地理上の発見時代に突入していた。

1600年のイギリスの東インド会社以来、世界各地に植民地支配が広がっていった。世界のさまざまな地域に暮らす、多様なありかたのすべてが、カント自身の好奇心をくすぐっていたのである。

カントが楽しいものは、聴衆も楽しかった。

私講師となって始まったカントの地理講座は、学生以外の一般聴衆にも公開され、非常な評判を呼んで、多くの貴顕紳士をその教室に引きつけた。

ときの大臣、公爵、さらには一時ケーニヒスベルクを占領していたロシア軍の将校すら聴講していた。

誰が聞いても、良くわかり、趣味と実益とを兼ね備えたものであった。

講座の内容は、広く世界各国の風土地理、道徳地理、宗教地理から説き起こし、気象学、地震学、人種学とか、文化類型学など、最新の科学研究も含まれていた。

カントの地理講義は、ただ有名であったというだけではない。

カント哲学の全体の骨組みの中で、それを支える土台の位置を占めているものであった。

カントは、自分の自然地理学講義案に、次のように書いていた。

「経験の代用をなしうる十分な歴史的・地理的知識を持つことなしに、早くから理屈をこねることを学ぶのは、学生の大きな怠慢である。現代のような社交的世紀においては、きわめて多種多様の楽しい教訓的でわかりやすい知識が、交際を豊かにするために提供する蓄えを、有益とするのである」

このような経験尊重の態度とならんで、カントの講義のもう一つの特徴は、思考の独立への励ましがあげられる。

「学生に思想を与えるのでなく、思考することを学ばせねばならない。学生が将来自分自身で歩むことをわれわれが望むならば、われわれは彼らを担うのでなく、導くべきである」

カントの地理講義は、カントが知らないうちに「海賊版」で幾度か出版されている。この「海賊版」は大評判で、良く売れた。

無許可出版が盛んになると、大がかりな海賊版も出るようになった。

「一時、ケーニヒスベルクの印刷工業は、『カント地理学』の出版で繁栄を極めた」とまで言われた。

その海賊版の親玉は、ゴットフリート・フォルマー著『カント氏自然地理学』（1801～1805年、全6巻本）という超豪華本であった。

これがまた、大いに売れたのである。

2 カントは中国や日本のことも教えた

カントは世界各国の生きた知識を吸収し、東洋にも目を注いでいた。

「中国はヨーロッパ全体と同じ人口で、世界で最も高い文化国である。民族の特徴は、非常に落ち着いた本性の持ち主である。欺くのが非常に巧みである。シナでは、犬・猫・蛇に至るまで、すべてが食用にされる」

カントは、エンゲルベルト・ケンペル（Engelbert Kämpfer, 1651～1716）の『日本誌』(Beschreibung des Japanischen Reiches. 1749版。英語版はロンドンで1727年に出版）を一番の参考書にして、鎖国中の日本のことを、詳しく紹介している。

「この国は、住民たちからNiphon（日本）と呼ばれている。マダガスカル島、ボルネオ島に次いで大きな島であり、大小さまざまな島が付属している。それらの間を通って、狭い交通水路が互いを分割している。国土は驚くほど人口が多い。長崎から江戸へ向かう全長200ドイツ・マイルの距離に、33の城郭をもった大都市と、75の城郭のない都市と、多数の村々がある。この国は山地が非常に多く、あちらこちらに火山があり、その火山には荒れ狂っているものもある。また温泉や地震も多い。日本の北部はかなり寒いが、概してこの島では天候は定まらない。雨は主として6月と7月に降る。

日本には内裏《だいり》（天皇）と呼ばれ、都に住む精神的君主と、みずから公方《くぼう》と呼んでいる世俗的な君主、つまり二人の君主がいる。公方がいまやこの全島のカイザーにほかならない。

長崎を除いて、一つの港も異国人には開かれていない。それも、オランダ人とシナ人にだけである。さらにそれも長崎の町全体でなく、そこにある出島という島にすぎない。

日本人はおおむね大きな頭、平らな鼻、小さな眼を有し、体格は小さくて、ずんぐりしている。顔の色は褐色で、髪は黒い。彼らは注意深く、誠実で、行儀が良く、勤勉で、厳格である。ダッタン人のごとく短気で、非常に頑固であり、死を恐れない。彼らは復讐をつぎつぎと継承する。

家は独立の部屋に分かつことをせず、衝立《ついたて》でいくつもの数の部屋をつくることができる。家屋の木製品はすべて漆が塗られている。彼らはシナ人と同様、ガラス窓のことは知らず、油をしみこませた紙と磨かれた牡蠣《かき》の貝殻がその代わりに用いられる。しかしすべての家に、火災を受けない部屋がある。食事では、有毒のものを料理することまで知っている。バターとチーズは知られていない。

長崎の付近になお残っている過去のキリスト教徒は、キリストの十字架像やマリアの画像を足で踏むことが毎年強制される。その良心によって果たし得ない者は、牢獄に投ぜられる。

彼らは縄をはった一枚の板を使って、その上のいくつかのボタンを上下に押して、計算を行う。医学では、モグサを燃焼する灸、と鍼《はり》を刺すという、二つの治療法がある。日本は、英国ほど大きくはない。Niphonと称し、現在ヨーロッパ人には、全くそばへも近寄りがたい。彼らは毅然としており、勇敢で、政治的である」（高峰一愚訳『カント全集』第10巻「自然の形而上学」、理想社、1966年を参照した）

当時、世界への日本の窓口は長崎出島だけであった。

カントは、オランダ商館長・医師等の報告書を読み講義に活かしたのである。〈日本には内裏（天皇）と呼ばれ、都に住む精神的君主と、みずから公方と呼んでいる世俗的な君主、つまり二人の君主がいる〉

カントは歴史学者ではない。ましてや、東海の小国、日本の古代から近代までの歴史の知識はない。

無知のものでも、探求心があり、研究心があったカントである。

カント哲学では〈ヨーロッパと日本の君主制の異質さ〉を、どのように解釈するのかが、大いに気にかかるところである。

3 哲学だから「旅行記」を読め！

ある時、一人の学生が「哲学の勉強は何を読めばよいのですか」と尋ねた。するとカントは「『旅行記』を読みなさい」と答えた。

驚いた学生は「私が尋ねたのは、哲学の勉強ですよ」とかさねて質問した。

「哲学だから『旅行記』なのだ。世界中いたるところの人々のことを知ることが大切である。人間とは何かを具体的に知ることが、すべての学問の出発点となる」これが、カントの学生への答弁であった。

次の話も有名である。

たまたま、東洋帰りの商人がカントと話すことがあった。

あまりにカントが中国の事情に詳しいので、驚いて質問した。

「貴方は、いつ中国からお帰りになったのですか？」

カントの頭の中には、すでに中国がどっかりと座っていた。

カントはその国に行かなくても、世界中どこの国のことでも、現地の人々が驚くほど細かなことを知っていた。

また、別の日のことである。

１７７３年ボストン茶会事件（英本国の制定した茶条例に反対する急進派の人々が、ボストン港で英国船の積荷の茶を海に投げ捨てた事件）が、話題になった。

その場にいたカントは、現地アメリカ人急進派の行動を支持した。

一人のイギリス人が、立ち上がった。

「イギリス本国のことを悪く言うことは許せない。決闘だ！」

「それぞれの土地で、自由を求めることは正しい。外から強圧的に押さえつけるのは良くない。私はそれぞれの民族の自立心を支持するのだ」

カントの動じない態度に、このイギリス人は感服し、決闘を取り下げた。この議論の後、カントとこのイギリス人は、この上ない友人となった。この人はジョセフ・グリーン（Joseph Green, 1727〜1786）という、ケーニヒスベルク在住のイギリスの富裕な貿易商であった。

グリーンは、カントより3歳年下であったが、知り合って以来二人は肝胆相照らす仲となり、その交流はグリーンが亡くなった1786年まで、20年間不変の堅さで続いている。カントは始終グリーンのもとへ出かけ、食事を共にし談論している。

グリーンはカントにとって生涯を通じての最大の親友であった。畑違いのグリーンがこれほど強いカントの信頼と親愛を得たのは、グリーンの教養と知識の豊富さによっていた。

このほかにも、カントの友人としてはイギリス人ロバート・マザビーがいたが、彼とも家族ぐるみの親しい交際をしていた。

マザビーの息子の小学校入学については、親身も及ばぬ世話をしている。

さらに、スコットランド商人ハイ、フランス商人トゥサンなど外国商人の友人がたくさんいた。

カントの生活時間の規則正しさ、幅広さは、当時のケーニヒスベルクの実業社会との接触を通じて形成されたものである。

4 世界最初の地理教師だった

カントは、もともと「旅行記」が大好きであった。家庭教師時代の8年間、貴族や牧師の家にあった「旅行記」や「見聞録」を読んでいた。オランダの地理学者の本も読んでいた。

一時期、大学図書館副館長の仕事もしていたが、大学教師になってからも「旅行記」をずっと読み続け、大学図書館の本も利用している。

図書館にはハンブルク・ライプチッヒ・パリ・ストックホルムなど各種の雑誌があった。雑誌の中に、世界各地の面白い話があった。それをカントは喜んで読み、大学での講義に活用していた。

カントは外国旅行に一度も行っていないのに、その土地のようすが目に見えるように教えることができた。彼の蔵書は約300冊、その大半は「旅行記」だった。ケーニヒスベルク大学教師であった42年間、カントは毎年の夏学期に欠かさず地理の授業をしていた。「カントは、世界最初の地理教師だった」と言われている。

カントは、一方で宇宙のはてまで想像の羽をのばし、もう一方で地球の隅々まで人々の暮らしに目を光らせていたのである。

第10章

大陸合理論とイギリス経験主義の論争に結着をつけた

1 二つの認識論の統一が宿題だった

カントは学生時代（1740〜1746）、クヌッツェン教授に大陸合理論と、ニュートンの経験主義、二つの認識論を学んでいた。

大陸合理論のポイントは、「物事は人間の知性で理解される」にあった。

経験主義の認識論は、「大切なのは理屈ではない。何事も自分で経験しなければ理解できない」という理論であった。

「二つの認識論をいかにすれば統一できるか」が、大学生の頃からカントにとって一番大きな課題となっていた。

フリードリヒ大王の時代、ヨーロッパ各国は戦乱に次ぐ戦乱であった。

プロイセンは、七年戦争（1756〜1763）後、大王が強力な軍隊を率いて、デンマークやオーストリアなどと戦っていた。

この時代、ヨーロッパの哲学界では、神は存在するのか存在しないのか、有神論と無神論の戦いが最大の問題であった。

この〈無神論論争〉の中には、自然主義・唯物論・無神論的実存主義などさまざまな意見があった。

１７６２年、大学私講師となったカントは、この無神論論争について熟考の末、結論を出した。

『神の現存在の論証』(Der einzig mögliche Beweisgrund zu einer Demonstration des Daseins Gottes. １７６３）として出版した。

「この論文は、長い思索の結果である。哲学は底知れぬ深淵であり、岸も灯台も見えぬ暗黒の海である。神の存在を証明する必要はないが、神の存在を確信することは絶対に必要である。神がある、というすべての認識中の最重要の認識が動揺するほど、私は思いあがっていない。神の現存在を確信することはきわめて必要である。しかしそれを論証することはそれほど必要ではない」

これが、カント自身が考え抜いた結論であった。

カントには、冷静で厳しい現実観察者と、自由奔放な想像力のロマンチストの二面があった。

本論文には、レーウェンフックの「顕微鏡観察報告」を読んだカントの感想も記されている。

「顕微鏡の観察によると、わずか一滴の水中に無数の動物が棲み、恐るべき武器を持った肉食魚が他の魚の追跡に熱中していると、それは水界のより強力な暴君の出現によって滅ぼされるという。

私はかかる一滴の水中の陰謀・暴力・反乱の光景を注視し、そしてそこから天空の高みへと目を転じて、測りしれない空間内に諸天体が塵埃のように密集しているのを見るとき、人間の正常な思考、感情では表現できない。

いかに精緻な形而上学的分析も崇高と尊厳の観念も、このような激烈な直観には及ぶべくもない」

この感想の中に、未知の自然がヴェールをはぎ取られ、真実の豊富極まりない姿を現す時の初々しさと、探究者カントの真摯さとの共感がみえる。

事実に徹する厳しい現実観察者でありながら、同時に、想像力豊かなロマンチストであったというのが、カントの実像である。

2 目の前に、左右の手袋を出せ！

18世紀、「空間が先か、事物が先か?」という問題が、ヨーロッパの哲学者たちの間で〈時間・空間論争〉として大いに議論され、なかなか決着がつかなかった。

カントは『空間における方位の区別の第一根拠』（Von dem ersten Grunde des Unterschiedes der Gegenden im Raum. 1768）で、一つの寓話を語って当時の哲学界の議論に決着をつけた。

「空間と手袋で考えると、答えが出てくる。手袋には、右手用の手袋、左手用の手袋がある。まず、一定の空間があって、そこに左右の手袋が出てくる。これが〈事物の前に空間がなければならない〉という根拠である」

一つの寓話によって、並み居る各国の哲学者たちの〈時間・空間論争〉を見事に決着させた。これが、カントの手腕の鮮やかさである。

この寓話を語ったカントは、1768年、44歳という新進哲学者であった。

この論文で、カントはヨーロッパ哲学界に輝く一等星となった。

その2年後、1770年代になって46歳となったカントは、学生時代以来の宿題の解決に取りかかった。

二つの認識論を解決するため、自分の眼前に二つの手袋を持ち出して、検討を開始したのである。

左の手袋は、デカルトらの大陸合理論である。

右の手袋は、ベーコンらのイギリス経験論である。

こうしてカントは、既に学んでいた「デカルト哲学」と「ベーコン哲学」との再研究をはじめた。

「デカルト」が大陸合理論であり、「ベーコン」がイギリス経験主義理論の代表である。

3 デカルトの「我思う、故に我あり」の哲学

ルネ・デカルト（René Descartes, 1596〜1650）は、フランス中部の裁判官の家庭に生まれた。

22歳で志願将校としてオランダ軍に入隊し、各地を巡り24歳で除隊した。除隊したのは、「学問に集中せよ」という天命を受けたからであった。

ドイツ・イタリア・フランスの旅を重ねたのち、32歳から20年間オランダに隠れて、自然現象・人間社会のすべてを、自分の知力だけで整理しまとめる仕事に集中した。

その後さらに、数学的な純粋理論による世界のすべての現象の合理的な整理を試みて、遂に『世界論（宇宙論）』を書きあげた。

デカルトの〝渦巻き説〟は、1633年7月に完成し、まさに発表寸前であった。

偶然、その一か月前、1633年6月22日、ガリレオ・ガリレイにローマ法王庁の採決が下され、『天文対話』（Dialogo、sopra due massimi sistemi del mondo. 1632）は禁書とされた。

そのことを知らされたデカルトは、この〝渦巻き説〟は「作り話」（une fable）と呼び、慎

重にもフランスのジェズイット教団に問い合わせ、『世界論』(渦巻き説)の公刊を中止した。

43歳になって、「すべてを疑い、疑えない唯一のものは〝我〟だけである」と悟った。

その悟りに至った道筋を語ったのが『方法序説』(Discours de la méthode. 1637)である。デカルトは、それを学問用語のラテン語でなく、わざわざフランス語で刊行した。

地理上の発見のあと活躍舞台は全地球規模に広がり、新たな発明・発見が相次ぎ、世界は複雑・怪奇であり、数学的な合理主義哲学だけでは整理できなくなった。

カントはここから一歩踏み込んで、大陸合理論とイギリス経験主義との統合の道を模索しはじめたのである。

ルネ・デカルト

デカルト『方法序説』

ルネ・デカルトの『方法序説』(Discours de la méthode.1637)の結論は〈我思う、故に我あり〉。その出発点は“我”である。

複雑なことは、単純なことの集合体である。

1. 複雑なものを、まず分解する。
2. 次に、分解したものをやさしいものから手をつけていく。
3. 仕事や勉強は〝易から難へ〟の順序で進める。
4. 最後に、すべてを見直して完成を見届ける。

4 ベーコンが唱えた「観察・実験の哲学」

フランシス・ベーコン（Francis Bacon, １５６１〜１６２６）は、イギリスの大法官の次男としてロンドンに生まれた。

12歳でケンブリッジ大学に入学しギリシャ哲学を学び、15歳から3年間、フランス駐在イギリス大使の随員としてフランス各地を旅した。

18歳、父の急死で帰国、21歳で弁護士、23歳で下院議員となった。

ベーコンは、比喩活用の名人である。

ベーコンは物事を理屈だけで考えることに反対し「すべて観察・実験によって新しい時代を切り開け」と呼びかけた。

44歳『学問の進歩』（Advancement of Learning. １６０５）、59歳『ノヴム・オルガヌム』（Novum Organum. １６２０）、63歳頃『ニュー・アトランティス』（１６２７年未完の遺稿として、New Atlantis. の書名で英文出版された）などを書いている。

彼の著書『ノヴム・オルガヌム』の冒頭に掲げた「知は力なり」は、自然を正確に知ることによって、自然の力を活用できるという意味である。

「自然は服従しなければ征服できない」、例えば、川の流れに服従することによって、その力を利用して水車を回すことができるのである。

「アリは餌を運ぶだけ、クモは網を張るだけ、しかしミツバチは蜂蜜に加工している。人間も自然に働き掛け、実験し何か新しい物を工夫してつくりあげよ」

ミツバチの比喩でベーコンは、工夫・実験・発明・発見の大切さを説いた。

1626年3月末、ベーコンは、大雪の中、鶏の冷凍保存の実験で気管支炎にかかり死去した。

その死は、カント誕生のほぼ100年前であった。

カントは、ベーコンを心から尊敬していた。

のちに「ヴェルラムのベーコン大革新」を、自著の序文に援用している。

カントは、意見が対立した時、一方を切り捨てるのでなく、双方それぞれの意見をゆっくり聞いて、その意見を活かす道を考える。

さらに、二者だけでなく、もっと多数が入り乱れる

ベーコンは、比喩活用の名人である。

「行動的な人びとは学問にそっぽを向いて“学問はヒバリのようなもので、舞い上がって楽しむだけである”と考えている」とした上で「学問は鷹に似ている。空高く舞い上がり、突如、獲物に襲いかかる。学問・研究は大所高所から出発すべきだ」と言った。

フランシス・ベーコン

場合でも、辛抱強く考え、拾える物はすべて拾い上げて活かすことを考えている。

これが、カントの学問に対する方法であり、カント哲学の神髄である。

職人町での仲間の争いの場で、それぞれの人の言い分を聞いて丁寧に対応していた馬具職人の父親を、カント少年は見ていた。

「一つのことを、表から裏から、上下、前後など、あらゆる面から考える」

これは、父親ゆずりである。

1755年の「星雲説」も、太陽・地球・月面、さらに〈神の創造した全宇宙〉、あらゆることを総合的にまとめて理論化している。

こうした〝経験・観察・推理〟という、カント自身の体験が、次の学問的大労作『純粋理性批判』を生み出す前提である。

第11章

認識のコペルニクス的転回

1『純粋理性批判』成立までの葛藤

18世紀の西欧の思想界の動向は、17世紀の合理主義的人間観に反対する、感情的人間観の自己主張とその展開の時代であった。

カントの「人間理性の自己認識」という批判の事業も、実は、ジョン・ロックに始まる人間悟性の自己吟味の継承である。

カントは、この事業を一歩前進させた。

母校ケーニヒスベルク大学の論理学・形而上学の正教授に任命されて、カントは一つの論文を提出した。

そのタイトルは『可感界と可想界の形式と原理』(De Mundi sensibilis atque intelligibilis Forma et Principiis. 1770)であった。

カントの愛弟子《まなでし》のマルクス・ヘルツ(Marcus Herz, 1747〜1803)を答弁者として公開討論が行われた。

本論文のタイトル〈可感界と可想界〉は、『純粋理性批判』の予告編であった。

「1770年の論文は、大筋のみである。もっと綿密に仕上げたい」と考えたカントは、〈二つの認識論の統一〉という大事業へ取り組みを開始したのである。

この論文は『純粋理性批判』への準備の書であり、画期的な意義を持った労作であった。〈空間〉は概念でなく、感性の型式である。感覚の素材である。〈幾何学〉は、感性的認識の典型である」などと論じている。

1771年『感性と理性の理論』で、イギリス経験論、大陸合理論、二つの認識論の統合をめざし、認識のコペルニクス的転回を遂げはじめた。

1771年6月7日、ヘルツ宛てに、これからスケールの大きな仕事に取りかかる決意を記した手紙を送っている。

「私はいま、『感性および理性の限界』という表題で書くことに追われています。感覚を支配している法則や道徳などです」

翌年2月21日にはヘルツ宛てに、研究の目的を記した手紙を送っている。

「いまや私は認識の本性を含む純粋理性の批判を提示できます。第一部はおよそ3か月以内に出版することになるでしょう。

私は次の仕事に携わっています。その題は『感性および理性の限界』と称し、そこで、感覚界に対して定められた根本概念、および法則の関係、ならびに趣味論、形而上学および道徳学の本質を構成する設計を包含するものを、さらに詳述しようと思います。

そのために、冬期には材料の収集につとめ、すべてを見通したので、間もなくその計画に取りかかれるでしょう。

今度、計画した著作は『感性および理性の限界』という表題になるかもしれません。いずれも各2章構成ですが、仔細に考察してみると、まだ本質的なものが欠けていることに気がつきました。

これこそ私が見逃していたもの、形而上学そのものも隠されていて、形而上学の全秘密を解くべき鍵だったのです。

そこで私は、〈いかなる根拠によって、われわれのうちにあって表象と呼ばれるものが対象と関係するのか〉と、自問してみました。

いま私は、理論的認識ならびに、まったく知的であるかぎりの感性的認識の本性を含めた《純粋理性の批判》を提示することができます」

1776年11月24日のヘルツ宛ての手紙には、次のように自らの哲学の仕上げへの苦闘の状況を記した。

「あなたとお別れしてからこの数年間ほど、体系的に、また継続的に仕事をしたことはありませんでした」

カントのこのような11年間に及ぶ苦心苦闘の結果、1781年5月、最高の哲学書『純粋理性批判』(Kritik der reinen Vernunft.)が出版されたのである。

時にカント、57歳であった。

カントの哲学は、〈巨大な貯水池〉にたとえられている。

カントは哲学者たちの学説、とりわけベーコンなどのイギリス経験論と、デカルトなどの大陸合理論をどのように組み合わせるべきか、11年という膨大な歳月をかけて徹底的に考え抜いたのである。

2 〝先天的な認識能力〟とは、何か？

どこからか毬《まり》が転がってきた。猫は転がってきた毬を追ってすぐ駆けていく。

人間は「誰だ、この毬を投げたのは？」と言って、毬を転がした犯人を捜す。

「物事が起これば、まずその事実に時間と空間の網をかけ、さらに因果関係を突き止めようとする、それが人間だ」と、カントは言っている。

〝時間〟と〝空間〟および〝因果関係〟は、人間の頭の中に生まれつき備わっている特殊な認識方法である。

人間には生まれつき、先天的（a priori）に、そのような能力がある。

〝時間〟と〝空間〟は、具体的な事実ではない。考える形式である。

その事実を、「何時、何処で」経験したのかを整理して考える「思考形式・方法」である。

その「思考形式・方法」が、先天的に、人間には備わっているというのが、カント哲学である。

その事を、カントは別の言葉で次のように言っている。

「人間のあらゆる認識は、〝直観〟から始まり、〝概念〟に進み、〝理念〟をもって終わる」

この〝概念〟と〝理念〟は、上述の「因果関係を突き止める」の別の表現である。

「われわれの認識はすべて経験から始まる。認識のすべてが経験から始まるのではない。われわれの認識能力が先天的に与えるものもある」

カントは、人間から独立に自然の対象があるのではない。われわれが自然の対象を経験してつくりあげていくのだと考えた。

何かが〈見える〉のは他の動物も同じだが、人間は単に〈見える〉だけでなく、対象をより深く〈見ようとする〉から正確に見えるのである。

そうした能力を、人間は先天的に持っているというのが、カントの認識論の神髄である。

『純粋理性批判』全体を圧縮した名言で締めくくりたい。

「内容なき思考は空虚である。概念なき直観は盲目である」

形式だけで内容のない思考（合理主義）は空虚な空回りである。

概念という悟性形式のない雑多な感覚（経験主義）は知識だとは言えない。

〈外からの感覚（直観）と、内からの心の働き（悟性）の協力によって知識が成り立つ〉、
これがカント認識論の中心思想である。

現在、私たちが物事を考えていく時、誰も実行していることがある。

新聞記者も愛用する〈5W1Hの活用法〉である。

「いつ？　どこで？　誰が？　何を？　どのように？　それはなぜか？」

この〈5W1Hの6段階〉を、カントは圧縮して、①意欲、②時間と空間の網、③因果関係の〈3段階〉にまとめている。

1、出発点は、人間の〈見ようとする〉意欲である。
2、続いて、認識対象に〈時間と空間の網〉を掛ける。
3、さらに、その事実を根拠にして〈因果関係〉を突き止める。

カントの言葉、「時間と空間の網を投げよ！」など、その表現力の基礎はギムナジウム

の学生時代に熱中していたラテン文学だと思われる。

カントには、複雑な事を文学的に整理し、まとめる才能がある。

大学での講義、友人との座談の場でのユーモア・冗談なども有名である。

３ カントは「地動説」を認識論で試みた

コペルニクスの『天球の回転について』が、１５４３年刊行された。人々の常識が、１８０度転換した。天動説から地動説への転換である。

自分の家の周囲を、毎日、東から西へと太陽が巡っていた。

「そうではない。太陽の周りを地球号に乗ったわれわれが回転しているのだった」

カントは、それと同じことを、人間の認識論で試みたのである。

『純粋理性判断』は人間の認識論転換の宣言書である。これはコペルニクスの仕事と同じことなのである」

カントは誇らかに宣言した。

「われわれの認識が対象に従うのでなく、対象がわれわれの認識に従うとすればと試みた。この試みはコペルニクスの最初の思想と同じである。認識が対象に従うのでなく、対象が認識に依存するのである」

カントの宣言に従えば、認識論に革命が始まる。

カントの「コペルニクス的転回」は、天文学における驚天動地の革命に比すべき「認識論における大革命」であった。

『星雲説』成立は、カントがintellect（知力）で推理した結果である。

イギリス経験主義の認識論と大陸合理論の認識論の二つが、見事に圧縮された形で説明されている。

〈perceptible〉という単語は、カント『純粋理性批判』の認識論のポイントを的確に教えてくれる。カントの『星雲説』成立の過程も同じである。

先ず、地震を経験し、月面を観察したことは、senses（感覚）である。

次は、その感覚をintellect（知力）で推理して『星雲説』が成立する。

何かが〈見える〉のは他の動物も同じだが、人間は単に〈見える〉だけでなく、対象をより深く〈見ようとする〉から正確に見えるのである。

4 「英語辞典」に答えがある

有名な「英語辞典」(The Concise Oxford Dictionary.)で一つの単語(perceptible)を引いてみる。

"That can be perceived by senses or intellect."

(人間の認識には、感覚で認識するものと、頭脳の知力で認識しなければならないものがある)

この説明を読めば、その瞬間、「あっ! これはカントだ!」と直感できる。

「5、10、(?)、20、25」を、〈カード〉で示す。

「5、10、20、25」は、sense(感覚)でわかる。

「(?)」は、intellect(知力)で推理してわかる。

イギリス経験主義の認識論と大陸合理論の認識論の二つを、圧縮した形で説明できる。

〈perceptible〉という単語は、カント『純粋理性批判』の認識論のポイントを的確に教えてくれる。

カントの『星雲説』成立の過程も同じである。

地震・月面観察は、人間のsense(感覚)でとらえられる経験である。

具体的ないくつもの経験を、人間はintellect(知力)で整理して、なぜそのようになったのかを推理していく。

その推理方式は、「人間に先天的にintellect（知力）として備わっている」と、カントは言っている。

先ほどの〈カード〉で示された「5、10、20、25」は、感覚で見える。

中間の「(?)」は、intellect（知力）で推理しないと答えは出てこない。

先天的に、人間に備わったintellect（知力）で推理し、「5飛びの数列」だから、答えは「15だ！」と言える。

このように感覚でとらえた事実から、一つひとつ推理して、答えを導き出すのはすべて、人間に生まれつき先天的に備わった能力の仕事である。

第12章

三批判書がカント哲学の完成である

[1] 認識論の論争全体に、決着をつけた

『純粋理性批判』によって、長年続いたイギリスの経験主義的認識論と大陸合理主義の認識論、両者の論争に対してカントは決着をつけた。

〈直観・概念・理念などさまざまな表象の結合・連結〉を、〈感性・悟性・構想力・理性・意志・感情などの相互関係〉から新しく再解釈している。

カントの手際は、精密・宏大・精妙であった。

日常生活では、あまり使われない特殊な用語がいくつかある。
1、「ア・プリオリ」(a priori)は、経験するより前にあるという事である。
「普遍性」「必然性」を意味している。

人間にはどうしても為《な》さねばならないものがある。それを成し遂げるのが人間の課題である。
2、アンチノミー(Antinomie)は、二律背反という意味である。
世界に始めが有るかないか、世界に終わりが有るかないか。どちらにも道理がある。

アンチノミーの意味は「両可の説」と、訳されている。

カントは、物の考え方が一面的にならず深まっていく道を開いている。

3、カテゴリー（Kategorie）は、「範疇《はんちゅう》」という意味である。

アリストテレスが、ギリシア語の動詞 kategoreo（述べる）から、名詞 ategoriai（術語）として創った学術用語である。

アリストテレスの『動物誌』に鶏卵から雛《ひな》への観察記録がある。

「温めて3日3晩で血の斑点のような心臓が白身の中で躍動し、ここから2本の赤い線が伸びて血液を運びはじめ、10日目になると雛の形になり、20日で綿毛が生えてくる」

アリストテレスは、実体・量・質・関係・場所・時間・位置・状態・能動・受動という〈10種のカテゴリー〉で、対象の観察を正確に記述している。

カントは、アリストテレスの記述方式からヒントを得た。

カテゴリーを精密に論じながら「認識は経験に始まるが、理性によって整理される」と結論した。

カントは、対象を認識し構成するカテゴリーとして、量（単一性、数多性、総体性）、質（実在性、否定性、制限性）、関係（付属性—自存性、原因性—依存性、相互性）、様相（可能性—不可能性、現存性—非存在、必然性—偶然性）の4項12目として整理した。

こうして世界のすべての現象は、カントのカテゴリーによって〈ありかた・働き・作用・機能・関数の集まりの脈絡〉として整理できるようになった。

カントの思想山脈は巨大であり、不断にこんこんと水の流れでる、豊かな源泉を持っている。

カントは、イギリスの経験主義の「認識の出発点は観察・実験などの感覚である」という指摘を高く評価した。

また、大陸合理論については、「人間に与えられている先天的知力の重要性を指摘している」として評価した。

バラバラの経験だけでは、物事を正しく認識したことにはならない。理論的に整理しなければ、それは知識とは言えない。

両者の主張の優れた所を、カントは正しく受け止め、高く評価していることが、『純粋理性批判』を世界一の哲学書だとする所以《ゆえん》である。

ショーペンハウエルは、このカントの認識論について面白いことを言っている。

「現象（Erscheinung）の認識はできるし、その真理を把握できる。しかし、物自体（Ding an sich）の認識はできない」というカントの認識論に反論している。

「認識対象を、現象と物自体に区分したことは、カントの最大の功績であるが、物自体は認識できる」と述べて、実例をあげている。

「植物の美しい花、豊かな果実という現象は、〝種子〟＝物自体が原因である。人間の感情

・言動という現象も、その原因は〝意志〟＝物自体である」
カントの〈物自体〉は神の世界であるが、道徳的実践では存在できる。

2 自律的道徳を確立せよ！

『実践理性批判』（Kritik der praktischen Vernunft. 1788）は、人間の行動のありかたが検討されている。

人間、誰しも幸福を願って生きている。自分の幸福だけを追求する者は、動物と同じだ。動物的本能のままに生きるのは、人間ではない。

人間には、人間性、人格というものがある。恥ずかしい事はやりたくない。自分の利益だけでなく、世のため、人のため、役立つ人間になりたい。自分勝手な行動で悪い事をしないためには、義務の意識が必要である。人はその時々の場での勝手な動機で動くべきではない、先天的な道徳法則によって自律的な意志を規定する理性によって行動すべきである。

「善なる意志」ein guter Willeのほかには、善を考えることはできない。人間は単なる感性的な存在ではない。叡知界に属する存在者である。

知性・機智・判断力、さらには勇気・果断さ・不撓不屈さなどの気質も、疑いなく善である。

学問の真理は万人に共通であるが、信仰は個人の自由である。

カントの見解は、明快である。人間らしさのある人だった。人間には、動物的な本能や衝動にもとづく欲求のほかに、わけても人間的な地位・名誉・財産・長寿など、そうじてこの世の幸福を追い求めてやむことがない。

他方で、「そうしてはならぬ、すべきではない」という禁止の声も耳に響いてくる。さまざまな事を考え、悩み動いているのが人間であるが、外から強制的に命令され、縛られる他律的な行動はすべきではない。

自然の中に、道徳法則がある。最終的には、自分でその大自然の道徳法則を受け入れ、自律的に行動しなければならない。

カントは、道徳的実践の領域を、自覚的人格として厳密に規定している。

『実践理性批判』の結びの言葉は、まさにカント哲学の極致である。

「それを思うことが、たび重なれば重なるほど、また長ければ長いほど、ますます新たな、かつますます強い感嘆と崇敬の念とをもって、心をみたすものが二つある。それは、わが上なる星空と、わが内なる道徳法則とである」

3 真の美しさとは、何か？

『判断力批判』（Kritik der Urteilskraft. １７９０）では、人間生活の具体的姿、その感情的基盤を詳しく述べている。

人間カントの、事実に徹する、冷静で厳しい現実観察者としての面と、想像力の過剰と奔放に悩むロマンチストとしての面とが交錯している。

この両面を統一するものが、創造としての自然に対するカントの全《まった》き信頼であったということができる。

哲学は、ただ二つの主要部門、理論哲学と実践哲学とに区分されるのみである。

一方に、感性的な自然の世界がある。

他方に、具体的に自由に考え行動する世界がある。

この両者は、どのように関連しあい、どのようにして調和統一するのかが問われている。

ギリシア哲学以来の伝統にしたがえば、それは「美的調和」となる。

カントは、18世紀の哲学として、それを「合目的性」という言葉で表現した。

「天才（Genie）とは、芸術に規則を与える才能（自然素質）のことである。——天才の創作物は、同時に、模範的でなければならない。——芸術美とは、ある物のある美しい表象である」などと論じている。

人間は対象を〈快適なもの、美しいもの、善なるもの〉と、区別して見る。〈快適〉とは人を楽しませることである。〈美しい〉は自分の気に入る、好ましいことである。〈善い〉とは人に評価され、尊重されることである。

4 三批判書でめざしたものは、何なのか？

三批判書は、カントの人生全体の哲学的総括だと言える。

星空を仰ぎつつ母の語った「神の創造、無限の宇宙」への敬愛、自然科学の研究で行きついた「星雲説」、カントはこの両者を大きな懐で包み込んだ。

それが、カントが著作した各種の論文・著書である。

始まりは、馬具職の家庭、夜空の星々の輝き、であった。

それらの論文のすべてで論じられていることの中心には、「神の存在、形而上学そのもの、不死の魂のありかた」であった。

ギムナジウムで神学とラテン文学を学び、ケーニヒスベルク大学で哲学と自然科学を学び、大学卒業後、さまざまに考え、各種論文を読み込み、自分の頭脳で考え抜いた。

その後は体験した、自然と社会のもろもろの事実を自らの頭脳で突き合わせ、次々と論文で発表してきた。

最初の著書は1755年3月に書きあげた『天界の一般自然史と理論』であったが、出版社の倒産のため実際に世に出るのは遅れた。

以後、大学教官となって研究が続いたが、その全人生の集大成が「三批判書」などの諸論文である。

終章

世界に永久平和を実現しよう!

1 父親の行動哲学

カントの人生から、何を学ぶのか？

規則正しい生活は、カントの晩年の生活だけではなかった。講義を聴きに来る学生は、いつも満員という状況であった。生活も安定し、カントは間もなく自宅を構えている。

〈毎朝、5時起床。毎夜、10時就寝〉、この生活スタイルの基本は、カントの全生涯を通じて一定していた。

この生活規則は、父親から引き継いだものである。「継続は力なり」である。

カントは、しばしば父親の思い出を語っている。

この父親の言葉を、カントは忠実に80年の生涯を通じて実践している。そこが、カントの一番偉大なところではないだろうか。

「人として一番大切なことは、正直と勤勉だ」と言った父親の言葉を、カントは忠実に80年の生涯を通じて実践している。

しかし、彼は虚弱な体質で、時には怠けたくなることもあった。それをカントは「骨の折れる状態」(ein mühsamer Zustand) と述べている。

いま一つ決定的に重要なことがある。それは、母親に学んだ「全宇宙の創造者、神への信仰心」である。

この「神への信仰心」と「ニュートン物理学」とを統一させた〈星雲説〉の学説が見事である。

〈地球上の地震〉という事実から、一つずつ丁寧に推理し、燃える「太陽」、半ば燃えている「地球」、冷え切って噴火の跡をアバタにしている「月」と関連して考えたカントの推理力は驚きであった。

カントの結論は「神への信仰心は個人の自由である。ただし学問は、誰でも理論的に精密に追求しなければならない」であった。

2 駄洒落の名人カント

カントは明るい人柄で、多分に洒落《しゃれ》っ気があった。

ユーモリストであり、ウイット・機知・諧謔《かいぎゃく》が大きな特徴であった。

駄洒落の名人で、それは頭の回転の速い証拠である。

「社交の座談では、時に抽象的な思想をも、愛くるしい言葉で巧みに表現され、ご自分

カント晩年の家（1842 年。Friedrich Heinrich Bils 作）
当時の教師は授業を自宅で行い、スペースのない者は先輩教師から借りたりした。

の主張はどんな意見でも明快にお述べになった。優雅なユーモアは口をついて出るし、そして時には、軽妙な皮肉もまじり、それがいつもさりげなく天真爛漫《てんしんらんまん》でした」

昼の食事会に参加した婦人から、このように言われていた。

晩年の自宅は、8室もある大きな家だった。講義室・食堂・図書室・寝室・書斎、それに料理女の居間と屋根裏の下男の小部屋もあった。

書斎には、友人から贈られたルソーの肖像銅版画が掛けられていた。

教授になって以後は、自宅の食卓へ人を招いている。

常連は、軍事顧問官、参事官、同僚の教授、銀行頭取、牧師、商人、ときには学生もいた。

晩年の頃、老衰していたカントが、はじめ

カントは毎日のように客を招き自宅で食事会を開いた。

て重病になった。大好きなチーズの食べ過ぎが原因だった。

1797年以降は、講義もせず、少数の友人たちとの交際のみで、ひとり静かに生活していた。

『自然科学の形而上学的始原から物理学への過度』(Übergang von den metaphysischen Anfangsgründen der Naturwissenschaft zur Physik, 1801)は書きあげたかったが、ついに未完に終わってしまった。

臨終に近い頃、主治医に語った洒落がある。

「僕はサーカスの綱渡りの曲芸師だ。こんなに肉体の危機にさらされながら、命の綱の上を、まだ調子よく渡って、落っこちないのだよ。だが、人は自分の機械がどれだけ持つか、やってみなければならんのだ」

カントは、自己に対しては厳格であり、他人に対しては親切な思いやりの心を持っていた。

カントが亡くなった時、2万ターレルという大金が遺産として残されていた。彼はけちん坊でなかった。末の妹など親戚の者や、仕えていた使用人には年金を与えている。

3 永久平和を呼びかけたカント

カントの時代、18世紀末、毎日どこかで戦争が行われていた。

ヨーロッパ諸国はアメリカ大陸、アフリカ大陸、さらにアジアへと膨張し、お互いに獲物の争奪戦をしていた。

「戦争は道徳上、悪である。人格の尊厳を破壊し、自由を損ねる。永久平和こそ、まさに人間の到達すべき義務である」

1795年、カントは小論文『永遠平和のために』(Zum Ewigen Frieden.) に、次のように書いた。

「統治者たちは教育に使うべき金を戦争の費用にあてている。

常備軍を増やすことは侵略戦争の原因となる。

戦備をそなえたままの平和条約はごまかしである。

常備軍はしだいに全廃されなければならない。

他国に領有された独立国はありえない。

いかなる国家も他国の内政に干渉してはならない。

いかなる国も他国の内乱を扇動してはならない。

すべての国家は共和国になり、戦争をする、しないは、国民の投票によらねばならない。

自分が戦わねばならない市民が決定権を持っていれば、歴史はもはや血をもって書かれはしないだろう。

すべての共和国が協定を結び、しっかりした国際秩序を守れるようにすることが、永久平和のために絶対不可欠である。

国際法は、自由な諸国家の連盟に基礎をおかねばならない」

『永遠平和のために』を読んでいると、私たちの目の前で情熱を込めて語っているカントの姿が見える。

カントは、心から平和を望んでいた。

１７９５年『永遠平和のために』は、国際連盟の出発点となった不滅の平和論として知られている。

4 カントの最後の言葉"Es ist gut."

1796年、大学教師を引退した。

1804年2月12日、カントは、ドイツ語で"Es ist gut."（英語：It is good.）という言葉を最後に、80歳でこの世に別れを告げた。

なぜ、この言葉だったのか？ それを考えてみたい。

日本語に翻訳すれば、「私の人生は、これで満足である」となる。

世間一般の人生は、恋・結婚・子育て、そして昇進・昇給し、退職後は穏やかに人生を終え、そこで、自分の人生を「満足・不満足」と考えることになる。

カントは、満足して"Es ist gut."（エス・イスト・グート）と言ったはずである。

何に満足したのだろうか？

カントは、両親の敬虔主義の信仰の家庭に育ち、8歳でフリードリヒ学院、16歳でケーニヒスベルク大学、その後8年間の家庭教師、31歳から40年間の大学教官であった。カント80年の足跡は、ほとんどバルト海沿岸の都市ケーニヒスベルク周辺に限られていた。

80年の人生で、幼少年時代、青年学生時代、学者時代、カントがその間に成し遂げた仕事はいくつもあるが、なかでも大きな業績は何だったのだろうか？

さまざまな『カント伝』で共通に指摘されているのは、次の二つである。

第一は、『天界の一般自然史と理論』（1755年）として発表された、天文学史上に輝く「星雲説」である。

第二は、長年にわたる認識論の議論に結着をつけた『純粋理性批判』（1781年3月29日）の発行である。この大きな二つの学問的な業績の達成に満足し、心から“Es ist gut.”とつぶやいたのではないだろうか。

カントの墓碑銘には『実践理性批判』末尾の言葉が記されている。

「わが上なる星ちりばめる空と、わが内なる道徳律とである」

(Der bestirnte Himmel über mir, Und das moralische Gesetz in mir.)

カントの墓碑銘

あとがき

2000（平成12）年、私はシアトル市で二つの経験をした。

一つは、当時、マイクロソフト社に勤務していた金子君から聞いた話である。

「周囲の欧米人は皆哲学を語っている。一人だけ語れない人間がいる。それが私だ」

いま一つは、シアトル市内で一番大きな書店をのぞいた時の話である。

哲学のコーナーがあった。そこにはさまざまな哲学書が、所狭しとみっしり並んでいた。

ドイツのハイデルベルク市の書店にも、オーストリアのウィーン市の書店にも、哲学書だけの特別の書棚があった。


日本の高校の教材には「倫理社会」があるが、「論理学」はない。

道徳は必須科目であるが、幾何学などは選択科目であって必須科目ではない。

本来、人間には論理も倫理も、共に重要であるはずである。

先年、トルコに行った時、ガイドさんから聞いた話がある。

「私は2年間、日本で学びましたが、日本は素晴らしいと思いました」

「どこが素晴らしいのですか？」

「平和なのです。夜分、外を歩いていて、本当に安全でした。トルコは違います。何でもすべてアーミイなのです。軍隊が見張っていないと、夜、歩けません」

日本では、お互いの人間関係を大事にするところがすべての出発点となっている。自我の主張は、二の次である。これが日本の美点でもある。

その上に、物の考え方に客観的な論理性を加えれば、まさに「鬼に金棒」となる。

中学校・高校の歴史授業では、多くの場合、古代ギリシャのソクラテス、プラトン、アリストテレスなど哲学者を簡単に紹介するだけである。

私には学生時代から、哲学者カントは畏敬すべき存在であった。

今回、友人からの勧めもあって、「カントの生涯」を初歩から調べはじめた。

「カントはなぜ偉大な哲学者となったのか?」から、考えることにした。

そこで気がついたのは、カントという人物のスケールの巨大さであった。

まず、祖父から聞いた「祖先は、スコットランドからの移民だ!」という話から、何者にも恐れず突進するバイキング精神を受け取っている。

次いで、実直に、正直に黙々と働く、馬具職の父親の姿を見て、生涯を通じて自らの模範としている。

夕暮れ散歩時に母親が語る「万物の創造者である神」への畏敬の言葉、これがカント哲学の根底にある。

哲学者カントは、この祖父・父親・母親の心を真っ直ぐ受け継ぎ、生涯を通じて一貫して保持している。


「カントの本質は、〝真っ正直さ〟にある」と思っている。

ギムナジウム時代には、ラテン語の学習に最重点を据えて、貫いている。

大学生時代には、哲学・天文学などの理論的研究に集中している。

家庭教師時代には、世界の国々、地上・天空の現象を深く問い続けている。

大学教授時代は、哲学思想全体の綜合的な研究であるが、これも文字通り徹底している。

11年かけての『純粋理性批判』の完成は、その最たるものである。

カントの生涯は、真っ直ぐである。

カントは生涯を通じて、常に何が本物なのかを問い続け、ぶれることがなかった。

数十冊のカント関連図書を読んでの私の結論である。

２００５（平成17）年、オーストリアのザルツブルク市の書店で、世界の哲学者１８０名の小伝記を集めた"GROSSE DENKER"（偉大な思想家）を購入した。試みに計算してみた。総頁４２５÷１８０人＝平均２・４頁、"Kant"の小伝記は６頁である。

やはり、１８０名の中で"Kant"に割かれた頁数が最大であった。

本書の出版にあたっては、泉徳和氏など多くの友人に原稿段階から多くの教示を受けている。また、水曜社の仙道弘生社長には、企画の段階から原稿の整理に至るまで多くの助言と協力を頂いている。心からの感謝を捧げたい。

２０１９（令和元）年９月吉日

石井　郁男

カント年譜

西暦	年齢	年　譜
1724		カント生まれる（4月22日、ケーニヒスベルクで）
1732	8	ギムナジウム・フリードリッヒ学院に入学する
1737	13	母死す（1698～1737）
1740	16	ケーニヒスベルク大学に入学する
1746	22	父死す（1682～1746） 大学を卒業する
1747	23	家庭教師を始める（1747～1754）
1751	27	恩師クヌッツエン死す（1713～1751）
1755	31	『天界の一般的自然史と理論』 『火に関する若干の考察の略述』（学位論文） ケーニヒスベルク大学私講師となる
1758	34	プロイセン軍がロシア軍に敗れる
1763	39	『神の現存在の論証』
1764	40	『美と崇高の感情に関する観察』
1768	44	『空間における方位の区別の第一根拠』
1770	46	論理学・形而上学の正教授となる
1781	57	『純粋理性批判』
1788	64	『実践理性批判』
1790	66	『判断力批判』
1795	71	『永遠平和のために』
1798	74	『実用的見地における人間学』
1804	80	カント死す（2月12日）

本書の執筆にあたっては左記の各書に負うところが多く、ここに記して御礼を申し上げるとともに、先人の研鑽に敬意を表します。

主な参考文献

岩崎武雄著『カント』勁草書房　1958
小牧　治著『カント』清水書院　1967
高峯一愚著『カント』河出書房新社　1974
加藤将之著『新しいカント』清水弘文堂　1975
山崎正一著『カント』平凡社　1977
坂部　恵著『カント』講談社　1979
石川文康著『カント入門』筑摩書房　1995
高坂正顕・金子武蔵監修、原佑編『カント全集』理想社　1965〜1988
『哲学の歴史』全12巻、中央公論新社　創業120周年記念出版（2007年）
その他、各種哲学辞典など。

石井 郁男（いしい・いくお）

1932年北九州市小倉生まれ。1955年九州大学教育学部（教育哲学）卒業。小・中・高で40年間教壇に立った後、西南学院・九州国際大学・福岡県立大学・健和看護学院講師を勤め、現在は北九州森鷗外記念会理事。
主著に『鷗外小倉左遷の謎』『中学生の勉強法』『日本の歴史Q＆A』『はじめての哲学』『森鷗外と「戦争論」』など。

カントの生涯《しょうがい》
——哲学《てつがく》の巨大《きょだい》な貯水池《ちょすいち》

発行日 二〇一九年九月二十日 初版第一刷発行

著者 石井 郁男
発行人 仙道 弘生
発行所 株式会社 水曜社
〒160-0022 東京都新宿区新宿一-一四-一二
電 話 〇三-三三五一-八七六八
ファックス 〇三-五三六二-七二七九
URL：suiyosha.hondana.jp/

装幀・DTP 小田 純子
印刷 モリモト印刷 株式会社

ISBN 978-4-88065-470-6 C0010